JN091639

序

　京都大学で経済学史や現代経済思想を講じるようになってなんと
30 年の歳月が経ってしまった。その間，世の中もベルリンの壁の崩
壊後目まぐるしく変動し，最近はイギリスの EU 離脱問題や世界各
地で独善的な大統領が登場するなど，少し前までは予想もしなかっ
た展開になってきた。

　このような時代に現代経済思想史の講義などを聴きに来る学生た
ちがいるのだろうか，と思いながら教壇に立ってきたが，もともと，
歴史や思想史が好きな学生がおそらく他大学よりは多い京都大学と
いう環境のおかげか，開講すると 50 名近くは履修登録があり，そ
のうち一割は熱心に聴講してくれている。有難いことだ。

　この数十年，私は，経済学史の講義では，ケネーからケインズに
至るまでの経済思想の流れを扱い，現代経済思想の講義では，ケイ
ンズから現代までの経済思想の流れを扱うというふうに分けてきた。
ところが，経済学史には拙著『経済学の歴史』（講談社学術文庫）と
いう教科書があるものの，現代経済思想には一冊にまとまった教科
書がなかった。そこで，過去に自分で書いたいくつかの著作から
テーマを選んで講義したわけだが，学生たちからやはり一冊にまと
まった教科書が欲しいという要望がだんだん増えてきたので，この
機会に，コンパクトながら現代経済思想史を俯瞰できる教科書を書

こうと思い立った。

　取り上げたテーマは，ケインズ革命，「一般理論」の同時発見者として有名なカレツキ，日本でファンの多いシュンペーター，ジョーン・ロビンソンやカルドアなどのポスト・ケインジアン，戦後アメリカの経済学の水準を超一流に引き上げたサムエルソン，サムエルソンの批判者だった異端派ガルブレイス，イタリア出身の天才スラッファ，ハイエクやミーゼスなどのオーストリアンやネオ・オーストリアンなど多岐にわたっている。

　思想史家にとって「現代」の基準は，世の中の人たちとは少し違うかもしれない。私は，現代経済学の理論や思想の評価が定まるには早くても 30 年，もっと正確にいえば 50 年の時間がかかると思っている。この視点は，京都大学の師匠であった故菱山泉先生から学んだものである。もちろん，できるだけ現代経済思想史を広く知りたいという学生たちの要望に応えて，本書にはまだ 50 年も経過していない理論や思想が登場しているが，それらの正確な評価は将来の世代に委ねなければならないだろう。

　本書が現代の経済問題の背後に流れている経済思想を理解するための一助になることを願ってやまない。

2019 年 10 月 21 日

根井雅弘

目　　次

序 ……………………………………………………………………………………… 1

第1章　ケインズ革命 …………………………………………………… 7

　1　ヒックスの「ケインズ氏と"古典派"」　8

　2　IS/LMへの若干の疑問　15

　3　「生産の貨幣理論」としての『一般理論』　21

第2章　革命への抵抗 …………………………………………………… 27

　1　ケンブリッジ内部の論争　28

　2　ハイエクの『価格と生産』　33

　3　シュンペーターの「創造的破壊」　37

　補論　ケインズの「乗数」について　43

第3章　『一般理論』の同時発見 …………………………………… 47

　1　「革命」の同時発見　47

　2　価格決定と分配関係　53

　3　完全雇用の政治学　56

　補論　ケインズとの重要な相違点　60

第4章　ケインズの弟子たち（1）──J・ロビンソンを中心に…… 63

　1　スラッファのマーシャル批判の衝撃　64

　2　「左派ケインジアン」として　69

　3　N・カルドアの「ケインズ的分配理論」　77

　補論　資本係数も利潤率から独立ではない　81

第5章　ケインズの弟子たち(2)──R・ハロッドを中心に ……… 83

　1　ハロッドの「不安定性原理」　84

　2　新古典派成長理論による異論　90

　3　カルドアのハロッド批判　93

　補論　ソローの「成長会計」について　95

第6章　新古典派総合 ………………………………………… 99

　1　ケインズ経済学のアメリカ上陸　99

　2　ケネディと「ニュー・エコノミックス」　104

　3　追い詰められる新古典派総合　108

第7章　アメリカのポスト・ケインズ派経済学 ………………… 115

　1　「古典的ケインズ主義」批判　115

　2　WCM 理論　118

　3　ケインズ的「貨幣的経済理論」の継承　122

　補論　ポスト・ケインズ派の特徴とは何か　129

第8章　ガルブレイスの制度経済学 ……………………… 133

　1　アメリカ経済学会設立の舞台裏　134

　2　『ゆたかな社会』と「依存効果」　136

　3　『新しい産業国家』と「テクノストラクチュア」　140

　補論　保守化したアメリカ社会への批判　146

第9章　スラッファの古典派アプローチ ……………………… 151

　1　「古典派アプローチ」とは何か　152

　2　「1の自由度」の含意　155

3　スラッファ革命　158

第10章　ベルリンの壁の崩壊 ……………………………………… 163
1　市場プロセスへの関心　164
2　ミーゼスの『ヒューマン・アクション』　169
3　ネオ・オーストリアンの登場　172

むすびに代えて──現代経済学の潮流　177

ブックガイド──現代経済思想史をより深く学ぶために　181
あとがき　187
人名索引　189

第1章

ケインズ革命

　現代経済思想史をどこから書き始めるかは悩ましい問題だが，その後の経済学の発展に及ぼした影響に鑑みて，ケインズ革命からスタートするのが無難だろう。ケインズ（J. M. Keynes）の経済理論は，時代文脈によって「革命的」と持ち上げられたり，すでに「死んでいる」と貶められたりして現在に至っているが，マルクス（Karl Marx）の思想と経済学と同じように，いつでも不死鳥のように復活してくるのが「偉大さ」の証左かもしれない。

　ケインズの著作のうち，「革命」の引き金を引いたのは，『雇用・利子および貨幣の一般理論』（1936 年）だが，慣例に倣って，以後は『一般理論』と略称する[1]。『一般理論』解釈には幾通りもあるが，最も標準的なのが，ヒックス（J. R. Hicks）による IS/LM であることに異を唱える研究者はほとんどいないだろう[2]。ヒックスの IS/LM は，「ケインズ氏と“古典派”」（1937 年）と題する論文に提示されたが（原論文では，IS/LL となっているが），その後，教科書に採り入れられて普及していくうちに，誰もが知っているものの「読まれざる

1．J・M・ケインズ『雇用・利子および貨幣の一般理論』上・下，間宮陽介訳（岩波文庫，2008 年）

2．J. R. Hicks, "Mr. Keynes and the "Classics": A Suggested Interpretation," *Econometrica*, vol. 5, no. 2（April 1937）

論文」になってしまった。そこで，まずはその論文の要旨を改めて紹介し，その上で，IS/LM がどこまでケインズの思想や経済学を凝縮するのに成功しているのかを検討したい。

1 ヒックスの「ケインズ氏と"古典派"」

　ヒックスの IS/LM 論文は，1936 年 9 月の計量経済学会での報告が基になっているが，『一般理論』が刊行されたのがその年の 2 月なので，最も早い時期にケインズ理論の核心を捉えた試みの一つと言ってよい。論文となって公表された年（1937 年 4 月）から数えても，すでに 80 年以上の時間が経過しているが，いまだにケインズ理論の解説として教科書のなかに生き残っているのは驚くべきことである。

　ヒックスは，まず，ケインズが「古典派」と呼んだ理論モデルの再構成から開始し，その後に，ケインズ経済学のモデルとの比較へと移っていく。まさに正攻法である。

　ヒックスは，ケインズ理論との比較を容易にするために，以下に提示する「古典派」モデルが，生産設備の変化しない「短期」を時間軸に設定し，労働は同質的であると想定している（さらに，減価償却を無視しているので，投資財の産出量が新投資に等しくなる。それは，別の問題，例えば景気変動を論じるときには許されない仮定だろうが，当面の問題の本質とは無関係なので，それは無視されている）。

　「古典派」モデルの再構成に必要な記号も整理しておこう。

　　　w（一人当たりの貨幣賃金率，所与），x（投資財の産出量），y（消費財の産出量）
　　　N_x（投資財産業における雇用数），N_y（消費財産業における雇用数）

短期の想定によって，$x = f_x(N_x)$ と $y = f_y(N_y)$ は，ともに所与の関数

M（貨幣量，所与）

さて，私たちが関心のあるのは，「古典派」では N_x と N_y はいかにして決定されるのかということである。

ヒックスは，投資財産業と消費財産業において生まれる所得を丁寧に定義していく。

投資財の価格水準 ＝ その限界費用 $= w \dfrac{dN_x}{dx}$

消費財の価格水準 ＝ その限界費用 $= w \dfrac{dN_y}{dy}$

投資財産業で生まれる所得 $= wx \dfrac{dN_x}{dx} = I_x$

消費財産業で生まれる所得 $= wy \dfrac{dN_y}{dy}$

総所得 $- wx \dfrac{dN_x}{dx} + wy \dfrac{dN_y}{dy} = I$

I_x は N_x の所与の関数であり，I は N_x と N_y の所与の関数だから，ひとたび I と I_x が決定されるならば，N_x と N_y は決定されるだろう。

ここで，「古典派」は，「ケンブリッジ数量方程式」（所得と貨幣需要のあいだのある明確な関係），すなわち，$M = kI$ を導入する（k はいわゆる「マーシャルの k」である）。k が所与ならば，M も所与だったので，I が決定される。

I の決定は比較的簡単だったが，ヒックスは，I_x を決定するのに

二つの方程式を導入する。一つは，投資量が利子率 i に依存することを示す関数である。すなわち，

$$I_x = C(i)$$

もう一つは，投資＝貯蓄の方程式である。貯蓄 S は利子率 i と所得 I に依存するが，すでに I は決定されているので，それを明示しなくともかまわない。だが，一般的には，

$$I_x = S(i, I)$$

と書くことができる。

　以上をまとめて，ヒックスは，「古典派」モデルを次の三つの方程式によって再構成している。

$$M = kI$$
$$I_x = C(i)$$
$$I_x = S(i, I)$$

　この三つの方程式が，三つの未知数 (I, I_x, i) を決定するのだが，N_x と N_y は I と I_x から決定されるので，総雇用 $N_x + N_y$ も決定されることになる。

　「古典派」モデルと比較する形で，ヒックスは，ケインズの『一般理論』を次の三つの方程式体系によって提示している。

$$M = L(i) \qquad 流動性選好説$$

$$I_x = C(i)$$
$$I_x = S(I) \qquad 乗数理論$$

　第二の方程式は，「古典派」と違わない。ケインズの投資決定論によれば，投資 I_x は利子率 i と資本の限界効率表の関係で決まるが，後者が所与であれば，利子率の関数と見なしてよいだろう。

　第一の方程式は，貨幣供給量 M と利子率 i の関数としての流動性選好 $L(i)$ の均等を表わしているが，ここにケインズの「流動性選好説」が導入されているわけである。

　第三の方程式は，投資 I_x と貯蓄 S の均等を表わしているが，貯蓄は所得 I のみの関数であり，利子率 i とは無関係であることに注意しなければならない。これはケインズの「乗数」の方程式を表現していると見なしてよい。

　以上も，三つの方程式が三つの未知数 (I, I_x, i) を決定しているが，これが，いわゆる乗数理論と流動性選好説という二本柱に支えられたケインズ・モデルである。『一般理論』も短期を想定しているので，所得 I が決まれば，雇用量も決定されるが，それがつねに完全雇用と一致しているとは限らない。

　だが，ヒックスは，このモデルのなかで，乗数方程式よりは流動性選好説に注目している。なぜなら，利子率が貨幣に対する需要と供給によって決まるとすれば，投資誘因の増大は利子率を引き上げる傾向をもたず，雇用量のみを増大させるという驚くべき結論を生み出すからだ[3]。

　ところが，ヒックスは，これは実は「一般理論」ではなく，「特殊

３．J. R. Hicks, "Mr. Keynes and the "Classics"", *op.cit.*, p. 152.

理論」に過ぎないと主張する。上のケインズ・モデルでは，流動性選好が利子率のみの関数となっている。たしかに，投機的動機に基づく貨幣需要だけならそうだが，取引動機（ヒックスは挙げていないが，予備的動機も同じく）に基づく貨幣需要は所得の関数なので，修正が必要である。

修正されたケインズ・モデルは，次のように提示される。

$$M = L(I, i)$$
$$I_x = C(i)$$
$$I_x = S(I)$$

ヒックスは，このような修正されたケインズ・モデルは，マーシャル理論の修正とほとんど変わらないと主張する。それを図示したものが，図1-1のIS/LL（のちに，IS/LMと呼ばれるようになった）曲線である。このモデルでは，所得と利子率はIS曲線とLL曲線の交点 P によって同時に決定される。ヒックスは，次のように述べている[4]。

「所得と利子率は，いまや P，すなわちIS曲線とLL曲線の交点において一緒に決定される。そして，それはちょうど，価格と産出量が需要と供給の現代理論において一緒に決定されるのと同様である。実際，ケインズ氏の新機軸は，この点で，限界主義者たちの核心ときわめて類似している。貨幣数量説は，利子を考慮せずに所得を決定しようとしているが，それはちょうど，労働価値

4．*Ibid.*, pp. 153-154.

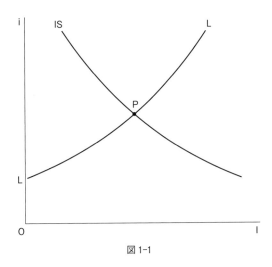

図 1-1

説が産出量を考慮せずに価格を決定しようとしたのと同様である。
それゆえ，それぞれの理論は，より高度の相互依存を認識する理
論に取って代わられなければならない。」

ヒックスは，『一般理論』の体系を上のように提示したあと，ケ
インズが示唆したような状況——投資誘因が増大しても利子率を引
き上げない——が生じるとすれば，それはどういう場合かを考察し
ている。それは，現代の教科書にも採り入れられているように，
「流動性のわな」のケースである（図 1-2 で LL 曲線が水平の部分）。
LL 曲線が水平である範囲では，投資誘因が増大して，IS 曲線が右
方にシフトしても，利子率は上昇しない。換言すれば，財政出動で
IS 曲線を右方に動かせば，利子率を上昇させずに所得のみを増大
させ得るので，財政政策が効く領域と言える。逆に，「流動性のわ
な」のケースで貨幣供給量を増大せても，LL 曲線を点線のほうへ

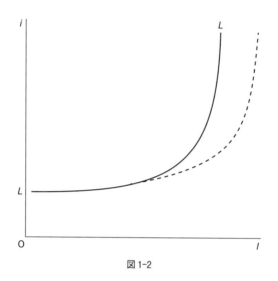

図 1-2

動かすだけで，金融政策の効果はほとんどない[5]。

　IS/LL によるヒックスのケインズ解釈が世に出る前は，『一般理論』が何を言おうとしているのか，理解できない専門家が大多数を占めていた。しかし，のちに IS/LM 分析と呼ばれるようになったヒックスの解釈が提示されてから，多くの論争は止んで，彼の解釈がケインズ経済学のスタンダードな理解になったのである。その意味では，ヒックスの貢献は絶大であったと言ってもよい。

　だが，『一般理論』のような古典的名著の内容を，たった一つの

5．「流動性のわな」のケースと対照的なのが，LL 曲線が垂直になる「古典派」の領域である。ここでは，投資誘因が増大しても所得は不変で利子率を上昇させるのみとなる（所得が「不変」とは，完全雇用が実現されているので，投資誘因が増大しても，実質所得は不変で名目所得が増大するのみということである）。

図のなかに凝縮することは無理を伴う。現在では，『一般理論』も
読まれざる古典となってしまったので，気づく人も少なくなったが，
その本のなかにはもっと豊饒な思想が織り込まれている。それゆえ，
のちに，IS/LM に入り切らなかったケインズの思想のどの辺に注
目するかによって，さまざまな立場の「ケインジアン」が現れたと
しても何の不思議もない。次の節では，その問題を取り上げること
にしよう。

2　IS/LM への若干の疑問

　私が大学院生の頃，浅野栄一氏（中央大学名誉教授）といえば，名
著『ケインズ「一般理論」形成史』（日本評論社，1987 年）で知られ
ていたが，同時に主流派にやや批判的な立場から特徴ある教科書
『現代の経済学』（中央経済社，1988 年）も書いており，私はそれをと
きに繙いていた。IS/LM 分析についても，次のような辛口の論評
を残していたのをよく覚えている[6]。

　「この分析は，IS 曲線と LM 曲線が相互に独立に決定され，一方
　の変化が他方に影響を及ぼさない，という仮定のうえに成り立っ
　ている。しかし，現実には，この仮定はほとんど成り立たない。
　たとえば，IS 曲線の移動をもたらす投資機会の変化が，人々の流
　動性選好にも影響を与えるかもしれず，また，金融市場での変化
　は企業家の投資態度にも影響を及ぼすかもしれない。財市場と金
　融市場で作用している諸要因，とくに将来に対する期待などの心
　理的要因は，相互に密接に関連し合っており，IS/LM 曲線図表

　6．浅野栄一『現代の経済学』（中央経済社，1988 年）194 ページ。

はこのような曲線の背後の諸事情を十分に反映して推論を進めることができない形になっている。したがって，この図表を使って経済の動態を説明することは厳に慎まなければならない。」

このような批判は，『ケインズ全集』の編纂者の一人で，ケインズ研究家のモグリッジ（Donald E. Moggridge）にもみられる。モグリッジも，IS 曲線が LM 曲線を固定したまま独立して動けるという想定に疑問を呈している[7]。

「もし期待の変化（たとえば，投資誘因の上昇をもたらすような）が一つの曲線の移動を引き起こすならば，もう一つの曲線の移動（たとえば，流動性選好を変化させることによって）も引き起こされるであろう。双方の曲線が移動するならば，最終的な帰結がどうなるかについて，図表自身から明確な予測をすることはできないのである。運の悪いことに，多くの政策変更は双方の曲線に同時に影響を及ぼし，したがって図表の使用を困難にしてしまうのである。」

浅野＝モグリッジの批判は，ケインズの世界では，IS 曲線と LM 曲線が同時に動くのがふつうであり，それゆえ，IS/LM 分析の妥当性は期待がほんの少ししか変化しない場合に限られるとまとめることができよう。そのケインズの「世界」とは，もっと突っ込んでいえば，「不確実性」（uncertainty）が支配する世界のことである。だが，ケインズは不確実性という言葉を独特の意味で使っているので，

7．D・モグリッジ『ケインズ』塩野谷祐一訳（東洋経済新報社，1979 年）210 ページ。

注意が必要である。

　ケインズの若き日の傑作『確率論』(1921 年) は，いまでは，日本語でも読めるようになったが，長いあいだ，その本がケインズの著作のなかでどのような位置を占めているのか，見解が分かれていた[8]。だが，1980 年代後半以降，欧米でケインズの『確率論』研究が相次いで発表されるようになり，この初期の著作と『一般理論』とのつながりが次第に周知のものとなったのは喜ばしい[9]。ここでは，両者のつながりを簡潔に説明しておく。

　ケインズは，次のように考えた。ある命題 (前提) h からある命題 (結論) a を導くことを「推論」a/h と呼ぶ。「確率」とは，この推論における論理的関係のことを意味し，それを $P(a/h)$ と表わす。このように定義された確率は，ケインズによれば，必ずしも一つの数値をもつとは限らず，一定の大きさの順に配列できるかどうかも明らかではないという。

　推論はさらに「重み」(weight) をもっている。これは，推論の前提に含まれる知識の絶対量を指している。これを $V(a/h)$ と表わす。新しい知識が加われば，推論の重みが増大することによって，前提の適切さが増し，確率の「信頼度」が高まるのである。

　ケインズは，『一般理論』第 12 章「長期期待の状態」のある脚注のなかで，「蓋然性のきわめて小さい」(very improbable) ということと，「きわめて不確実」(very uncertain) であることは同じでない

8. J・M・ケインズ『確率論』佐藤隆三訳 (東洋経済新報社，2010 年) を参照。

9. 一冊だけ挙げるとすれば，オドンネルの研究書だろう。R. M. O'Donnel, *Keynes: Philosophy, Economics and Politics,* Macmillan, 1989. 注目すべきは，日本では，哲学者が書いたケインズ論も出たことである。伊藤邦武『ケインズの哲学』(岩波書店，1999 年) を参照。

と注意を喚起し，自分の『確率論』を参照せよと書いている。これ
は，ケインズの不確実性とは，確率の信頼度が低いということなの
で，確率の大きさが小さいということと必ずしも同じではないとい
う意味である。

　これで説明が足りなければ，ケインズが『一般理論』への誤解を
解く意味で書いた論文「雇用の一般理論」(1937年) からの引用が役
に立つだろう。この論文は，『一般理論』の真意を誤解した書評や
論評が多いのを見て，ケインズが改めて『一般理論』の核心がどこ
にあるのかを再述したものである (のちの「ポスト・ケインジアン」
に大きな影響を与えたが，ここでは，それを指摘するにとどめる)[10]。

　「説明させてもらうと，「不確実な」知識によって，私は，確実に
　知られていることを，蓋然的に過ぎないことから区別しようと単
　に意図しているのではない。ルーレットのゲームは，この意味
　において，不確実性の支配を受けていない。また戦時債券が償還さ
　れる見込みもそうである。あるいは，また，平均余命はごくわず
　かに不確実であるに過ぎない。天候でさえ，ごく軽度に不確実で
　あるに過ぎない。私がその言葉を使用している意味は，ヨーロッ
　パ戦争の見込みとか，20年後の銅の価格や利子率とか，新しい発
　明の陳腐化とか，1970年の社会体制における私的財産所有者の
　地位といったものが不確実であるということである。これらの事
　柄については，計算可能な確率を形成するに当たっての科学的基
　礎は何も存在しない。それにもかかわらず，行動と決定の必要性
　は，実践的な人間としてのわれわれにこの厄介な事実を無視する

---

10. *The Collected Writings of John Maynard Keynes*, vol. 14, Macmillan, 1973,
　　pp. 113-115.

ように全力を尽くすことを強いるのである。……

　私は，古典派経済理論を，それ自体が未来について私たちはきわめてわずかしか知らないという事実を捨象することによって現在を取り扱おうとする優美にして上品なテクニックの一つであるがゆえに非難するのである。」

　ケインズの不確実性の世界では，投資から得られると予想される収益が激動し，資本の限界効率表が突然シフトしうる。それのみならず，それは次に流動性選好表もシフトさせるだろう。ケインズは，まさに「組織化された投資市場」がその例に当たるとして，次のように述べている[11]。

　「だが，楽観が度を超して過度に買い進んだ市場を幻滅が襲うやガラガラと音を立てて崩壊するのが，自分の購入物件についてはほとんどなんの知識もない大衆投資家と，資本資産の将来収益に関する合理的な評価よりは，むしろ市場心理がこの先どう移り変わるかを予測することに腐心する投機家の影響にある，組織化された資本市場の特質である。しかも，資本の限界効率の崩壊をともなう，将来に関する不安と不確実性は，当然，流動性選好の急上昇，それゆえ利子率の高騰を引き起こす。」

　上の文章を読んでも，ケインズの不確実性の世界では，IS 曲線に影響を与える期待の変化が，同時に，LM 曲線もシフトさせるのがわかるだろう。

11.　J・M・ケインズ『雇用・利子および貨幣の一般理論』下巻，間宮陽介訳（岩波文庫，2008 年）89 ページ。

　このような疑問とも関連があるのが，次のような批判である。投資誘因が増大したとき，（LM曲線が水平でない限り）利子率は上昇するが，これは，貨幣供給量が一定と仮定されて初めて言えることである。だが，ケインズ研究家の三上隆三氏（和歌山大学名誉教授）は，ケインズ自身は，実物の世界と貨幣の世界は密接に関連し合っており，投資誘因の増大とともに貨幣も追加的に供給されるのがふつうだと考えていたはずだと指摘している[12]。

　投資誘因の増大（あるいは減少）が貨幣供給量の増大（または減少）につながるという視点は，のちに一部のポスト・ケインジアンに「内生的貨幣供給論」として継承されるが，ケインズ自身も，ヒックスのIS/LM論文の草稿を読んだときの感想のなかで，同じことを述べている[13]。

　「私の観点からは，私の見解は，投資誘因の増大が必ずしも利子率を上昇させないという趣旨のものであることを強調するのが重要である。もし貨幣政策が適切でなければ，利子率が上昇しそうだということに同意はするけれども。この点において，私は，私自身と古典派の間の差異は，彼らが利子率を非貨幣的現象と見なしているために，投資誘因の増大が貨幣政策に関係なく利子率を上昇させるとしている事実にあると思う。——もっとも，彼らも，貨幣政策が一時的に緩和する効果をもたらしうることは認めてはいるが。」

12.　三上隆三『ケインズ経済学の原像』（日本評論社，1986年）172-173ページ参照。

13.　*The Collected Writings of John Maynard Keynes*, vol. 14, p. 80.

　ただし，『一般理論』が貨幣供給量を一定と仮定しており，その他の想定とともに IS/LM によって提示されたような，「瞬間描写」としての均衡（国民所得と利子率の同時決定）が成立していることまで否定する必要はないように思われる。私たちが問題にしてきたのは，そのような「瞬間描写」を離れて，経済の動態を分析するには，IS/LM 分析だけでは足りないということなのである。

3　「生産の貨幣理論」としての『一般理論』

　ケインズは，生涯を通じて，貨幣理論家であり，その主要著作のタイトルにも「貨幣」や「金融」という言葉を使ったものが多い（例えば，『貨幣改革論』『貨幣論』『雇用・利子および貨幣の一般理論』など）。『一般理論』の形成史をひもといても，彼が当初「生産の貨幣理論」という構想をもっていたことが知られている[14]。

　ところが，このような視座は，IS/LM 分析ではやや曖昧になってしまう。その点で，イタリアの経済学者パシネッティ（Luigi L. Pasinetti）が提案した「（原因から結果への）因果順序がはっきりしている型」（causal type）のモデルは，ケインズの思考回路をうまく再現しているように思われる（表1-1を参照）[15]。

　パシネッティは，このモデルの趣旨を次のように説明している。すなわち，まず，関数ψは，他の変数から独立に利子率rを決定する。次に，関数ϕは，やはり他の変数から独立に，すでに決定されている利子率rと資本の限界効率表Eとの関係で投資Iを決定する。

14.　美濃口武雄「『一般理論』の生成過程——「生産の貨幣理論」の観点から」（『経済研究』第31巻第2号，1980年）を参照。

15.　ルイジ・L・パシネッティ『経済成長と所得分配』宮崎耕一訳（岩波書店，1985年）49ページ参照。記号は若干変更した。

表1-1

$$\phi(L, \bar{M}) \rightarrow r \rightarrow \Phi(E, r) \rightarrow I \underset{C}{\overset{Y}{\diagdown}} \begin{cases} Y = C + I \\ C = f(Y) \end{cases}$$

　投資 I が決定されたならば，あとは，$Y = C + I$ と $C = f(Y)$ が，「一つの相互依存的な部分体系」を形成し，所得 Y と消費 C を同時に決定する，というのである。

　ケインズは，非自発的失業は，実質賃金率が均衡水準よりも高止まりしているからではなく，社会全体の有効需要が不足しているから生じると直感的に把握した。国内に限れば，有効需要は投資と消費だが，消費は所得の安定的な関数なので，投資さえ決まれば所得は決まる（乗数理論）。では，投資は何によって決まるかといえば，それは資本の限界効率表と利子率との関係で決まる。いま，資本の限界効率表を所与とおけば，投資は利子率の関数となるだろう。だが，まだ利子率の決定が残る。それは，流動性選好 L と貨幣供給量 M との関係で決まる。というように，ケインズの思考回路を再現すると，彼が非自発的失業の究極的原因が人々の「貨幣愛」にあると考えたことが実によく理解できるのである。

　IS/LM 分析を提示した頃のヒックスは，のちに『価値と資本』（1939 年）につながるような一般均衡理論の研究に従事していたが，IS/LM 分析も，「すべてのものは他のすべてのものに依存する」という一般均衡理論（パシネッティは，「限界主義経済学」と呼んでいるが，事実上，ワルラス流の「新古典派」のことである）の思考法の応用例の一つである。

　しかし，ケインズは，すでに解説したように，戦略的変数間の因果関係の吟味を重視していた。それゆえ，『一般理論』で経済学の

「思考法」についてほんの少し触れたところで，次のように書いた
のである[16]。

　「われわれの分析の目的は間違いのない答えを出す機械ないし機
　械的操作方法を提供することではなく，特定の問題を考え抜くた
　めの組織的，系統的な方法を獲得することである。そして，<u>複雑
　化要因を一つ一つ孤立させることによって暫定的な結論に到達し
　たら，こんどはふたたびおのれに返って考えをめぐらし，それら
　要因間の相互作用をよくよく考えてみなければならない</u>。これが
　経済学的思考というものである。」

　ところで，『一般理論』のケインズは，第 17 章「利子と貨幣の本
質的特性」において，「貨幣」が他の財と比べてどのような特徴を
もっているのかを考察しているので，簡単にまとめておこう。
　ケインズは，貨幣の特徴として次の三点を挙げている。

　(1) ほとんどゼロの生産の弾力性
　(2) ほとんどゼロの代替の弾力性
　(3) ほとんどゼロの持越費用

　第一の特徴は，民間企業が労働者を雇用して貨幣を生産すること
はできないということである。ポスト・ケインジアンのデヴィドソ
ン（Paul Davidson）がよく用いた表現を使えば，「金の生る木はな
い」のである。

---

16. Ｊ・Ｍ・ケインズ『雇用・利子および貨幣の一般理論』下巻，間宮陽介訳
　　（岩波文庫，2008 年）63-64 ページ。下線は引用者。

　第二の特徴は，貨幣に対する需要が増大して，その交換価値が上昇しても，需要は貨幣以外の商品に移っていかないということである。ふつうの商品ならば，例えば A 財の価格が B 財の価格よりも上昇すれば，（粗代替効果により）需要は A 財から B 財へと移っていくが，貨幣にはこれが当てはまらない。ケインズの言葉を使えば，「貨幣に対する需要が増大したときには貨幣は購買力を吸い込む底なし沼ともなる」のである[17]。

　第三の特徴は，説明するまでもないが，貨幣をもっていても持越費用がほとんどかからないということである。

　ケインズは，このような貨幣の三つの特徴をまとめるに際して，（必ずしも彼の独創ではないが）記憶に残る表現を用いた[18]。

　「喩えて言えば，失業が深刻になるのは人々が月を欲するからである。欲求の対象（貨幣）が生産しえぬものであり，その需要が容易には尽きせぬものであるとき，人々が雇用の口を見つけるのは不可能である。月も生チーズも大差ないことを大衆に納得してもらい，チーズ工場（中央銀行）を公的管理のもとにおく，それ以外に苦境を脱出する途はない。」

　ケインズは，現在，不況になると財政出動への要求とともに「思い出される」経済学者となってしまったが，彼は失業問題の究極的原因は「貨幣」と深い関連があると確信していた。『一般理論』は，政府の赤字支出を正当化するためではなく，「生産の貨幣理論」を

17．J・M・ケインズ『雇用・利子および貨幣の一般理論』上巻，間宮陽介訳（岩波文庫，2008 年）325 ページ。
18．同前，331 ページ。

提示するために執筆されたのである。ケインズ革命の本質を見誤ってはならない。

第2章

革命への抵抗

　ケインズの『一般理論』は，十年のうちに世界の人々が経済問題について思考する方法を変革したが，どの世界でも，「革命」には抵抗勢力が付きものである。

　ケンブリッジ内では，のちにピグー（A. C. Pigou）の後継者としてケンブリッジ大学経済学教授となるロバートソン（D. H. Robertson）がケインズの流動性選好説を批判し続けた。

　ケンブリッジの外では，LSE（London School of Economics and Political Science）のロビンズやハイエクがケインズの公共投資論を批判した。彼らの理論的根拠は，ハイエクが『価格と生産』のなかで展開したオーストリア学派流の景気循環論であるが，その恐慌観はケインズのそれとはあまりにも対照的だった。

　さらに，20世紀経済学のもう一人の天才，シュンペーター（J. A. Schumpeter）のケインズ批判も逸することはできない。シュンペーターは，産業革命以降，資本主義は，企業家によるイノベーションの遂行によって生産関数が絶えず変革されてきたというのが真の歴史であり，『一般理論』の「短期の想定」（=「生産関数不変」の想定）は，もう一つ別の世界の理論だと主張した。

1 ケンブリッジ内部の論争

ケンブリッジ内部の論争のなかで最も重要な一つは，ケインズの流動性選好説 vs. ロバートソンの貸付資金説である。

ケインズの流動性選好説は，利子率が貨幣供給量 M と流動性選好 L の関係によって決まるという学説であった。流動性選好は，取引動機と予備的動機に基づく貨幣需要 L_1 と，投機的動機に基づく貨幣需要 L_2 の合計だが，ケインズは，前者は国民所得 Y の関数，後者は利子率 r の関数であると見なした。それゆえ，$L_1(Y)$ と $L_2(r)$ と表現する。他方，貨幣供給量は，中央銀行の政策によって決まる外生的定数であると想定されている（これを $\overline{M}$ と表現する）。以上をまとめると，次のようになるだろう。

$$\overline{M} = L_1(Y) + L_2(r)$$

だが，これでは一つの方程式に二つの未知数（Y と r）があるので，図で示すことができない。そこで，いま，Y したがって $L_1(Y)$ が確定している場合を考えてみる。すなわち，

$$\overline{M} - L_1(Y) = L_2(r)$$

左辺はすでに $L_1(Y)$ が確定しているので定数である。この式は，投機的動機に基づく貨幣需要と，それを満たすための貨幣供給の関係によって利子率が決まることを表わしている。すなわち，図2-1において，両者の均衡は点Eなので，利子率は r_e の水準に決まるのである。

なぜ流動性選好曲線（この場合は，投機的動機に基づく貨幣需要）は

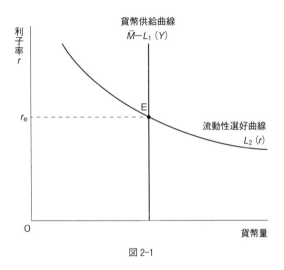

図 2-1

右下がりになるのか。ケインズは，その理由を次のように説明した。
すなわち，利子率には，市場の大多数の人々がその時々の状況で
「正常」と見なす水準がある。もし現実の利子率がその正常水準よ
りも高いとき，将来，利子率はさらに上昇する（あるいは，利子率と
は逆に動く債権価格がさらに下落する）というよりは，むしろ利子率
は低下する（あるいは，債権価格は上昇する）と予想する人のほうが
多いので，貨幣需要は減少する（あるいは，債権需要は増加する）だ
ろう。反対に，現実の利子率が正常水準よりも低いときは，将来，
利子率は上昇する（あるいは，債権価格は下落する）と予想する人の
ほうが多いので，貨幣需要が増加する（あるいは，債権需要は減少す
る）だろう。それゆえ，流動性選好曲線は右下がりになると。

　しかし，ロバートソンは，このような理由づけに納得しなかった。
なぜなら，ケインズの論法は，結局，将来における利子率の上昇ま

たは下落の予想が現在の利子率を決めるという循環論法に陥っているからである。ロバートソンは，次のように言っている[1]。

　「より広範囲な取扱いをしているという暗示はあちこちに見られるけれども，ケインズの工夫は，主として，利子率を彼が「投機的理由」と呼ぶもののために，すなわち，利子率がやがて上昇するだろうと期待されるがゆえに保有される貨幣ストックの部分とのみ直接の関数関係にあるとすることにある。それゆえ，利子率が現在ある水準にあるのは，それがそれと異なったものになることが期待されるからである。もし利子率が現在と異なるものになることが期待されないならば，それがなぜ現在の水準にあるのかを私たちに語る何物も残されないことになる。利子率を分泌する器官が切り取られても，なおなんとかして利子率が存在するのである——猫は消え去っても笑いが残るというわけだ。トロントのプランプター氏は，未発表の論文のなかで，ケインズのこの理論の下における貨幣の貸手の立場を，顧客に保険料をかける保険会社——その保険会社が顧客に保証する唯一の危険が，その会社の保険料が引き上げられる危険であるような保険会社——の立場と適切に比較した。もし私たちが，利子率はなぜ将来において今日の水準とは違ったものになるのかについての富の所有者の判断を究極的に支配するものは何かを尋ねるならば，私たちは確実に生産性と節約という根本的な現象にまっすぐに連れ戻されるのである。」

1．D. H. Robertson, *Essays in Monetary Theory*, Staples Press, 1940, p. 25.

　ここで留意すべきは,「生産性と節約」という言葉である。実は,これは,古典派利子論の「投資と貯蓄」を象徴的に表わすものである。ということは,ロバートソンは,あくまで古典派の利子論を基礎に据えるべきだと言っていることになる。

　では,ロバートソンの利子論はどんなものか。彼の利子論は貸付資金説と呼ばれているが,これは,利子率が貸付資金の需要と供給の関係によって決まるという学説を指している。

　貸付資金の需要とは,新投資のための資金需要 I プラス手元現金に対する需要の増加分 ΔL であり,他方で,貸付資金の供給とは,貯蓄資金 S プラス銀行組織による貨幣供給の増加 ΔM である。したがって,利子率は,

$$I + \Delta L = S + \Delta M$$

という条件が満たされたところで決定される（図 2-2 では r_3 の水準に決まっている）。

　ロバートソンの貸付資金説は,ケンブリッジにおいて,ケインズの流動性選好説と鋭く対立したのだが,ケインズ本人というよりはケインジアンがロバートソンを執拗に標的にしたために,彼らの「英雄」であったケインズと,ロバートソンとの人間関係も悪くしたかもしれない。

　このような熾烈な論争を傍から見ていたヒックスは,それはあまり生産的ではないように思えた。それは,ヒックスが LSE で一般均衡理論を学んだことと深い関係がある。その証拠に,ヒックスの初期の傑作『価値と資本』（初版は 1939 年）において,二つの利子論の違いは,一般均衡体系では,単に「一式消去」の問題に還元され

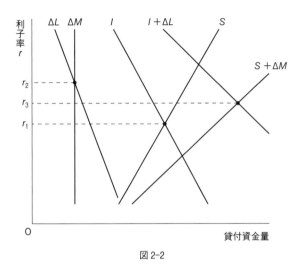

図 2-2

るという考えが提示されているのである[2]。

いま，$(n-1)$ 個の財および用役の需給均等方程式，証券（または貸付）の需給均等方程式，そして貨幣の需給均等方程式という，$(n+1)$ 個の需給均等方程式からなる一般均衡体系を考えてみよう。だが，ミクロ経済学の初歩で習うように，$(n+1)$ 個の方程式はすべて独立ではないので，そのうちの任意の需給均等方程式を消去しても何も問題はない。

ということは，証券（または貸付）の需給均等方程式を消去すれば，流動性選好説が成り立ち，貨幣の需給均等方程式を消去すれば，貸付資金説が成り立つということなのである。このように考えたヒックスは，二つの利子論の対立を冷めた眼で見つめていたのだろう。

2．J・R・ヒックス『価値と資本』安井琢磨・熊谷尚夫訳，第 I 巻（岩波書店，1965 年）227 ページ参照。

彼がこの論争でどちらの側にも決して加担しなかったゆえんである。

2　ハイエクの『価格と生産』

　ハイエクは，現在では，経済理論家としてよりも自由主義哲学の思想家というイメージのほうが強いが，少なくとも 1930 年代前半までは，景気理論家としての名声が高かった。『価格と生産』は，LSE でのハイエクの連続講義をまとめたものだが，それが好評を博したので，のちにハイエクの LSE 教授への道を開くことになった。招聘に動いたのは，『経済学の本質と意義』（初版は 1932 年）の著者で，LSE の有名教授だったロビンズ（Lionel Robbins）である。ロビンズは，当時，ミーゼス（Ludwig von Mises）やハイエクなどのオーストリア学派の影響下にあったことが知られている。

　『価格と生産』は，一言でいえば，経済分析に「自然利子率」と「貨幣利子率」を区別したヴィクセル（Knut Wicksell）の貨幣的経済理論と，オーストリア学派の迂回生産論を組み合わせた仕事である[3]。

　ヴィクセルは，スウェーデンの経済学者だが，『利子と物価』（1898 年）において導入された自然利子率と貨幣利子率の区別は，ある段階のケインズ（『貨幣論』1930 年）を含めて，多くの経済学者に影響を及ぼした。ハイエクもその一人だが，彼はそれをみずからを育んだオーストリア学派の伝統（迂回生産論）と結びつけることによって，独自の景気循環論を構成した。

　自然利子率とは，投資と貯蓄が等しくなる利子率のことであり，

　3．F・A・ハイエク『ハイエク全集 I：貨幣理論と景気循環/価格と生産』古賀勝次郎ほか訳（春秋社，1988 年）。参考書としては，ノーマン・P・バリー『ハイエクの社会・経済哲学』矢島欽次訳（春秋社，1984 年）がよい。

投資の限界収益率を反映している。他方で，貨幣利子率は，銀行組織が設定する利子率のことである。

　いま，イノベーションによって投資の限界収益率が高まり，自然利子率が貨幣利子率よりも高くなれば，投資をするのが有利となるので，投資＞貯蓄となるだろう。ここで，ヴィクセルは完全雇用を仮定しているので，その影響は物価の上昇となって表れる。物価の上昇は，自然利子率が貨幣利子率よりも高い限り，累積的に続くだろうが，これがヴィクセルの「累積過程」である。

　だが，ハイエクは，オーストリアンとしてヴィクセル理論に次のようなヴァリエーションを加えた。銀行の信用創造によって，貨幣利子率が自然利子率よりも低くなると，自発的貯蓄がまかなえるよりも多くの投資資金が提供されるので，資本家はより迂回的な（生産期間がより長い）生産方法を採用するようになるだろう。しかし，ハイエクは，自発的貯蓄が投資に回るのと違って，投資が銀行の信用創造によって可能になった場合には，固有の問題が生じるという。

　すなわち，自発的貯蓄の増加は，人々の時間選好が変化した（より少なく消費し，それを貯蓄に回した）ことなので，無理のない迂回生産が維持される。だが，銀行の信用創造によって迂回的な生産方法が採用されると，人々の時間選好に変化はないので，消費は減少せず，迂回生産によって投資財産業で獲得された所得の増加が消費財の需要に向かうにつれて，消費財が不足してくる。この段階で，消費財価格の上昇とそれに伴う「強制貯蓄」が生じる。そして，消費財の不足を解消するために投資財の増産を中止したり，銀行組織が信用創造を中止したりすることがあれば，迂回生産が挫折し，深刻な不況，すなわち恐慌が訪れるだろう。

　ということは，恐慌の原因は，銀行の信用創造が自発的貯蓄がま

かなえる以上の過剰な投資を推し進めてしまったからだということになる。したがって、ハイエク理論から導かれる恐慌対策は、自発的貯蓄を増やし、信用を引き締めるということ以外にはない。人為的に需要を創り出すための公共投資などは、もってのほかである。実際、ハイエクは、ロビンズとともに、不況対策としての公共投資反対の立場から、ケインズの有効需要喚起策を厳しく批判した。

だが、1930年代の世界的大恐慌に関する限り、ケインズの『一般理論』の診断と処方箋のほうが的を射ており、ロビンズでさえ、のちには自らの判断の誤りを認めた。ハイエクは翻意はしなかったが、その後、経済理論の分野から次第に離れ、自由主義哲学の研究のほうへ傾斜していった（第二次世界大戦中の1944年に刊行された『隷属への道』がその方面の著作のはしりである）。

ただし、ハイエクに公正を期すためにも、ハイエク理論が適用されるような局面と、ケインズ理論が妥当性をもつような局面を分けて考えるべきだと主張する日本の経済学者、篠原三代平（1919-2012）がいたことを紹介しておこう。

篠原氏は、若き日に卒業論文で「ケインズとハイエク」を取り上げてから亡くなるまで、ハイエクとケインズのどちらにも関心を持ち続けた稀有の人だが、基本的な発想は、「ケインズ的世界」は「プラス・サム」的状況、「ハイエク的世界」は「ゼロ・サム」的状況に対応するというものである[4]。ここで、「プラス・サム」的状況とは、「消費が増えれば投資も増え、投資が増えれば消費も増える」という状況のことである。他方、「ゼロ・サム」的状況とは、パイが一定で、「投資が増えるためには消費が減らなければならない、消費が

4．篠原三代平『ヒューマノミクス序説──経済学と現代世界』（筑摩書房、1984年）80-87ページ参照。

増えるには投資が減らねばならない」状況である。二つの世界を対照させるためにも，篠原氏のまとめ方は役に立つ[5]。

　「ハイエクの場合には，次のようにとらえられている。ゼロ・サムの状況，具体的には完全雇用に近い状態からスタートして，「投資財部門の不均等発展」（迂回生産の高度化）が生ずれば，必然的に貯蓄（S）に対する投資（I）の超過が発生する。この貯蓄不足はマネー・サプライの供給あるいは信用創造によって埋められるであろうから，当然のことながら「投資財部門の不均等発展」は「インフレ成長」とならざるを得ない。この状態で発生するインフレーションの下では，何らかの理由（銀行の融資削減，景気後退の予想など）で，そのインフレ・テンポが減速した場合，それだけで，大量の失業を伴わないわけにはいかない。これがハイエクの重要な結論の一つである。

　それが重要だというのは，デフレ過程発生以前の「超過需要の状況」で，たんなるインフレ率の減速（たとえばその 20% から 10% への低下）が失業を急テンポで拡大するという結論を含むからである。これまでインフレ成長によって支えられていた雇用が，インフレ率の減速ないし停止だけで一挙に吐き出されてしまい，まだインフレが続いているのに大量の失業発生を不可避とする。

　もちろん，銀行貸付の削減，金融恐慌があいついで発生してデフレ過程に入れば，この「インフレ下の失業」に追加して，「デフレーションによる失業」がその比重を増大させる。前者のタイプの失業を「ハイエク的失業」と呼べば，後者のタイプの失業はま

5．同前，82-83 ページ。

さに「ケインズ的失業」と名づけることができよう。そしてこの
ケインズ的失業の比重がいちじるしく増大した局面ではケインズ
の出番となることは当然である。ハイエクも，そのような局面が
景気変動中に発生しうることをけっして否定はしていない。自ら
は，それを secondary deflation（第二次デフレーション）の局面と
みる。これはマイナス・サムの局面の成立をみとめることになる。

　しかし，それにもかかわらず，それに先立ってゼロ・サム下で，
不均等発展とインフレ成長の持続の中で成立する非ケインズ的失
業の存在を確認している点は重要である。」

　だが，篠原氏のような「ケインズもハイエクも」その理論が適用
される局面をもっているという理解は，日本の学界では，少数派で
あったことを認識しておかなければならない。

3　シュンペーターの「創造的破壊」

　ケインズ革命への抵抗としては，最後に，ケインズと同じく20
世紀経済学の天才であったシュンペーターの批判を取り上げなけれ
ばならない。シュンペーターのケインズ批判は，彼が20代の終わ
りに世に問うて世界的な評価を受けた『経済発展の理論』（1912年）
に基づいているので，まずは，その本の大要を紹介することにしよ
う。

　『経済発展の理論』の出発点は，「静態」（stationary state）である。
静態とは，ケネーの『経済表』のように，産出量の水準に変化がな
く，生産・交換・消費などがつねに同じ規模で循環している状態の
ことである[6]。静態の世界では，経済主体は，与件（資源・人口・技
術・社会組織）に対して受動的に適応しているに過ぎない。しかも，

この場合の経済主体とは,「本源的生産要素」(労働と土地)の所有者である労働者と地主のみである(このような考え方は,彼が学んだウィーン大学を中心に花開いたオーストリア学派の「帰属理論」を踏襲している)。それ以外の経済主体,すなわち企業家と資本家は動態においてのみ現れる。企業家と資本家が不在なので,企業家利潤と資本利子も存在せず,すべての生産物価値は労働用役と土地用役の価値の合計に等しくなる。

この静態を破壊し,動態を始動させるのは何か。マーシャル経済学に代表される当時の正統派は,生産要素の入手可能量の変化,人口の増加,貯蓄の増加などを挙げていたが,シュンペーターによれば,それらによって惹き起こされるのは質的に新しい現象ではなく,自然的与件の変化の場合と同様の適応過程に過ぎない。なぜなら,そのような変化は年々きわめてわずかであり,静態的方法によって考察することができるからだ。

この問題へのシュンペーターの解答は,ただ一つ,企業家によるイノベーションの遂行である(『経済発展の理論』の段階では,「イノベーション」ではなく,「新結合」という言葉が使われているので,注意が必要である)。シュンペーターは,イノベーションを経済体系の内部から生じる<u>非連続的な変化</u>として捉えているが,具体的には,次

---

6. シュンペーターは,初期にワルラス(Léon Walras)の一般均衡理論を熱心に研究したが,ワルラス理論は「時間」の要素を考慮せず,経済数量間の相互依存関係を連立方程式体系で提示したという意味で,「静学」理論であった。シュンペーターは,静学理論の適用範囲を拡張して,「静態」(すべての経済数量が年々歳々繰り返される状態)を処理することは可能だが,資本蓄積や技術進歩などが生じる「動態」を分析することはできないと考えた。『経済発展の理論』の日本語版への序文を精読することをすすめる(J・A・シュムペーター『経済発展の理論』塩野谷祐一・中山伊知郎・東畑精一訳,上巻,岩波文庫,1977年)。

の五つの場合を指している。

1　新しい財貨の生産
2　新しい生産方法の導入
3　新しい販路の開拓
4　原料または半製品の新しい供給源の獲得
5　新しい組織の実現（例えば，トラストの形成や独占の打破）

　シュンペーターの「企業家」は，以上のようなイノベーションの担い手として颯爽と登場し，その役割を終えると忽然と姿を消す。その意味では，企業家は，労働者や地主と違って，ふつうの意味での経済主体ではない。つまり，動態においてのみ現われ，静態に戻ると消滅するというのだから。

　もっとも，静態でも，循環の軌道に従って企業を経営している者はいるのだが，シュンペーターは，彼らを「単なる業主」と呼び，企業家とは峻別している。静態には労働者と地主しか存在しないので，単なる業主は，例えば監督労働の従事者として労働者に分類されるほかないだろう。

　静態では，単なる業主は，ワルラスが一般均衡理論において説いたように，利潤も得なければ損失も被らないが，そこに颯爽と企業家が登場し，イノベーションの遂行に成功すると，労働者にも地主にも帰属しない「企業家利潤」を獲得する。これを「動態利潤説」と呼んでいる。

　ところで，イノベーションの遂行には資金が必要だが，静態には貯蓄も資本蓄積もなかったので，別の手段によって資金が調達されなければならない。その手段とは，シュンペーターによれば，銀行

による信用創造である。その意味で，「銀行家」こそが唯一の資本家である。そして，資本家に特有の所得（利子）は，イノベーションに成功した企業家が獲得した利潤から支払われるので，利子もまた動態的現象である。

　シュンペーターは，以上のような発想を『経済発展の理論』のなかに巧妙に採り入れていく。出発点は静態であった。だが，この静態は，ごく一握りの天才が企業家となって現われ，銀行家の信用創造という助力を得てイノベーションを遂行することによって破壊される。

　ところが，少数の企業家がイノベーションに成功し，利潤を稼ぐのをみて，それを模倣しようとする者が大量に現れる。イノベーションの群生は，経済を「好況」へと導くが，それは永遠には続かない。一つには，イノベーションの成果として，やがて新商品が市場に出回るようになり，需給関係から価格が低下していく。もう一つには，企業家は銀行家へ債務を返済しなければならないので，信用が収縮し，価格低下に拍車をかける。これは「不況」時にみられる特徴だが，その過程は再び静態に戻るまで続く。ただし，新しい静態では，実質所得が増加（発展の成果）している点で古い静態とは区別される。これが，シュンペーターの『経済発展の理論』の基本モデルである。

　シュンペーターの『経済発展の理論』においては，不況はイノベーションが創り出した新事態への「適応過程」として捉えられるので，政府が様々な不況対策を講じようとするのは，その適応過程を妨害するとして推奨されない。このような見解は，有効需要の不足によって不況が生じると考えたケインズの不況観ときわめて対照的だが，留意すべきは，シュンペーターがそのような見解をケイン

ズの『一般理論』よりもかなり以前の著作（『経済発展の理論』の初版は1912年に出版された）において提示し，その後，1930年代の世界的大恐慌を経験したあとも修正する必要を認めなかったことである。重要なので，『経済発展の理論』から引用しておこう[7]。

　「「好況」現象の唯一の原因である企業者の群生的出現は，均衡状態の連続的な，つねに目立たぬ攪乱ではなくて，大きな断続的な攪乱，すなわち次元を異にする攪乱を意味する限りにおいて，連続的な，時間的に均等に分布した出現の国民経済に及ぼす影響とは質的に異なった影響をもつ。連続的出現によって連続的に惹き起こされた攪乱は連続的に吸収されうるのに対して，群生的出現の結果としては，特別の判然たる吸収の過程，新しいものの採用の過程，国民経済の新しいものへの適応の過程，整理過程，あるいは私が先にのべたように「静態化」の過程が起こらなければならない。この過程は周期的不況の本質であり，したがってわれわれの立場からすれば，それは，国民経済が好況の「攪乱」によって変革された与件に適応した新均衡状態に接近しようとする苦闘であると定義してよい。」

　シュンペーターは，ケインズが『一般理論』で「短期の想定」を採用し，雇用量そして産出量決定に働きかける有効需要（消費需要プラス投資需要）の役割を簡潔なモデルで解明した理論家としての「腕」を高く評価しながらも，それが資本主義を資本主義たらしめている根本的な要因（企業家によるイノベーションの遂行）と資本主

　7．J・A・シュムペーター『経済発展の理論』塩野谷祐一・中山伊知郎・東畑精一訳，下巻，岩波文庫，1977年，223ページ。

義の動態的側面から目をそらしてしまったことを最後まで批判し続けた。「創造的破壊」（creative destruction）という言葉は，シュンペーターの造語ではなかったかもしれないが，それにふさわしい意味を付与したのはシュンペーターが第一であり，彼の資本主義観を代表する言葉になったのも肯けよう。

　さらに，シュンペーターは，『一般理論』がブルジョア文明の根底にある，「貯蓄」についての神聖観を粉砕し，結果的に平等主義的思想に理論的根拠を与えたことも鋭く指摘している。ケインズは，いかなる場合にも，貯蓄が「悪」であるとは考えていなかったが，たしかに，不況時にさらに貯蓄を奨励すれば不況はもっと深刻になってしまう。シュンペーターは，批判というよりも，『一般理論』がそのような思潮を助長したことを見逃さなかった[8]。

　「平等主義的な見解を抱く経済学者たちは，久しく以前から所得の不平等について，ただ一点を除いて他のあらゆる側面や機能を割引するのを学んできた。すなわち彼らはジョン・スチュアート・ミルと同様に，貯蓄に対する平等主義的政策の影響に関連してのみ懸念を抱きつづけてきたのである。ケインズはこうした懸念から彼らを解き放った。彼の分析は反貯蓄的な見解に対する知性的尊重の念を再興したように見えた。そして彼はこの点の意味するところを『一般理論』の第24章ではっきり説明した。こうして彼の科学的メッセージは経済学の専門家のなかで最優秀な者の多くに訴えるところがあったが，反面また，専門的な経済学の周辺にいる文筆家とか論客とかにも訴えるところがあった。これ

8．J・A・シュンペーター『経済分析の歴史』下巻，福岡正夫訳（岩波書店，2006年）776-778ページ。

らの者は『一般理論』からは支出礼賛の新経済学（New Economics of Spending）以外の何ものをも摘みとらなかった。そして彼らにケインズは，かつて女学生たちが一握りの簡単な概念の適用を学んだだけで，しかも資本主義社会の限りなく複雑な有機体の内外のこといっさいを判断しうる能力を確保したという，マーセット夫人の幸福な時代……をとり戻してやったのであった。」

　シュンペーターは，ケインズが『一般理論』の最終章のなかで，「われわれが生活している経済社会の際立った欠陥は，それが完全雇用を与えることができないこと，そして富と所得の分配が恣意的で不公平なことである」[9] と書いた文章の含意を暴露したのである。

　ケインズとシュンペーターは，ともに20世紀経済学の天才であり，資本主義についての対照的なヴィジョンを提示しながらも，政策論的に双方の良さを生かす道を探れないわけではない[10]。だが，本書では，あくまで思想史上の比較にとどめておく。

補論　ケインズの「乗数」について

　ケインズの乗数理論は有名なだけに初歩的な教科書でも必ず学ぶのだが，『一般理論』に即して必ずしも正確とは言えない理解が普及している。伊東光晴氏は，かつて，名著『ケインズ——"新しい経済学"の誕生』（岩波新書，1962年）において，比較的最近では，

　9．J・M・ケインズ『雇用，利子および貨幣の一般理論』下巻，間宮陽介訳（岩波文庫，2008年）178ページ。

10．「イノベーションと需要の好循環」を説く吉川洋氏の試みは，その好例である（『いまこそ，ケインズとシュンペーターに学べ——有効需要とイノベーションの経済学』ダイヤモンド社，2009年）。

表 2-1

t	ΔI	ΔY	ΔC	ΔS
1	100	100	80	20
2		80	64	16
3		64	51.2	12.8
⋮		⋮	⋮	⋮
⋮		⋮	⋮	⋮
計		500	400	100

『現代に生きるケインズ——モラル・サイエンスとしての経済理論』（岩波新書，2006 年）においても同じ問題を取り上げているが，要は，教科書的な「波及論的乗数」とケインズの「即時的乗数」の違いをしっかり押さえることである。

　文献をひもとくと，ロバートソンを初めとして，前者の乗数を後者の乗数と取り違えて，的外れの批判を展開している者が少なくない。前者は，もともと，ケインズの愛弟子であったカーン（Richard Kahn）が経済分析に導入したものだが[11]，それがケインズのアイデアと同じと受け取られたのが誤解のもとであったかもしれない。

　波及論的乗数とは，投資の乗数効果が一定の時間的経過を経て初めて実現されるという考え方である（表 2-1 を参照）。この表は，最初の投資を 100，限界消費性向（$\Delta C/\Delta Y$）を 0.8 とした場合の投資の波及効果を示している。

　波及効果が終息したとき，ΔY は 500 となっているが，これは最初の投資の増加である 100 に「乗数」，すなわち $1/(1 - \Delta C/\Delta Y) = 5$ をかけたものに等しい。

---

11. R. F. Kahn, "The Relation of Home Investment to Unemployment," *Economic Journal*, June 1931.

　ところが，t_1 をもう一度みてみよう。最初の投資の増加 100 から
発生した所得の増加 100 のうち，それに限界消費性向 0.8 をかけた
80 が消費に回っている。だが，この段階では，まだそれに応える消
費財が生産されていないので，消費財の在庫を取り崩すことによっ
て消費財が供給されると考えるほかない。

　在庫の減少とはマイナスの投資だから，t_1 における<u>純投資</u>は 100
− 80 ＝ 20 である。だが，この段階での所得の増加 100 は，純投資
20 に乗数 5 をかけたものに等しいので，乗数関係は成り立っている。
t_2 まで考えても，それは変わらない（所得の増加 180 は，<u>純投資</u> 36 に
乗数 5 をかけたものに等しい）。

　かくして，投資を純投資にとれば，乗数効果はいかなる時点でも
実現しているのだ。これを即時的乗数と呼んでいる[12]。

　伊東光晴氏は，波及論的乗数が成り立つには，人々が在庫が減少
した分だけ生産する（すなわち，「標準在庫量」を維持する）という強
い仮定が必要であり，それは，ケインズの意図した乗数関係――
「人々がどのような行動をとろうとも，人々の行動に関係なく成立
する法則であって，人々の特殊な行動仮定の上に立つ法則ではな
い」――とは明らかに区別されると主張している[13]。さらに，伊東
氏は，波及論的乗数理解が減税や財政出動などの財政政策に対する
過剰な期待を生み出し，経済をさらに混乱させる元凶となったと厳
しく批判している[14]。

12.　J・M・ケインズ『雇用・利子および貨幣の一般理論』上巻，間宮陽介訳
　　（岩波文庫，2008 年）169-172 ページ参照。「即時的乗数」という用語は，
　　宮崎義一・伊東光晴『ケインズ／一般理論コンメンタール』（日本評論社，
　　1964 年）においてすでに用いられている。
13.　伊東光晴『現代に生きるケインズ――モラル・サイエンスとしての経済理
　　論』（岩波新書，2006 年）133 ページ。

「1990 年代不況に際して，不況対策としてまず減税が主張され，大幅な所得減税が，次いで公共支出が試みられた。いずれも，この補整的財政政策の考えと波及論的乗数の考えとが結合し，不況対策の有効性の幻想が政策となったのである。結果は，書くまでもなく巨額な国債の累積と，不況の進行であった。

90 年代不況は，投機の失敗にもとづくキャピタル・ロスから始まった。株価の下落によるキャピタル・ロスは 90 年から 92 年にかけて約 490 兆円，地価の下落によるキャピタル・ロスは 90 年から 94 年にかけて 528 兆円に達した。これを合計すると当時の GDP の 2 年分を優に超える額であり，アメリカの 1929 年の大恐慌によるキャピタル・ロスが GDP に占める比率よりも大きいのである。これが企業経営をゆるがし，銀行の危機を生んだ。

このような大きな投機の失敗による不況の進行下での政府支出増は，民間企業の在庫減・投資減によって相殺され，社会全体の投資増とならず，波及は急速に減衰して，景気を上昇させる効果は期待できない。事実，90 年代不況下での公共支出は，その 1.3 倍とか 1.2 倍の所得増しか生まなかったのである。この結果が，多大な期待への反動として，ケインズ政策を全面的に否定する風潮を生み，時代錯誤の経済理論支持の社会的文脈をつくりだしていった。」

このような批判は，波及論的乗数と即時的乗数の違いとともに，「不況になれば財政出動を要請するのがケインジアンの証」だと単純に信じている人たちに警鐘を鳴らすものである。

---

14. 同前，136-137 ページ。

第 3 章

『一般理論』の同時発見

　ポーランド出身の経済学者カレツキ（Michal Kalecki）がケインズの「有効需要の原理」を独立に発見していたことは，今日の経済学史家の間では周知の事実となった。第二次世界大戦後，ケインズの愛弟子だったジョーン・ロビンソンがカレツキ理論の卓越性をさかんに宣伝した努力がようやく実ったかのようだ。だが，まだ教科書のレベルでは，そこまではいかない。

　ケインズは，近くにいた人たちへの発言を見る限り，イギリス以外のヨーロッパ大陸の経済学を過小評価していたように思えるので，生前，カレツキの著作をどれほど真剣に読んだかどうかは疑わしい。だが，のちに花開くことになる「ポスト・ケインズ派経済学」は，見方によっては，ケインズと同等ないしそれ以上にカレツキの経済学が大きな影響を与えることになった。例えば，価格決定二分法，ミクロ的基礎の重視（不完全競争理論や寡占理論を基礎にした「有効需要の原理」の提示），内生的貨幣供給論，等々。

　それゆえ，現代経済思想史の講義も，カレツキを抜きにしては完結しない。

1　「革命」の同時発見

　ケインズは，マーシャルの創設したケンブリッジ学派（当時は，

表 3-1

所　　得	支　　出
利潤（資本家の所得）	投　資
	＋資本家の消費
＋賃金（労働者の所得）	＋労働者の消費
＝国民所得	＝国民生産物

「新古典派」とも呼ばれたが）の「要塞」のなかで育てられたので，マーシャル的な思考法から抜け出るのに大いなる困難を伴ったが，カレツキはポーランドという経済学の本流から遠く離れた場所で生活していたので，そのような「葛藤」からは無縁であった。彼が知っていた経済学といえば，カール・マルクスとローザ・ルクセンブルクくらいだった（カレツキの生涯については，拙著『定本 現代イギリス経済学の群像——正統から異端へ』白水社，2019年，第5章を参照）。それゆえ，「有効需要の原理」も，実にあっさりと導き出している[1]。

　カレツキは，政府の経済活動と外国貿易が存在しない封鎖体系において，国民所得勘定と国民生産物（支出）勘定を対比させている（表3-1を参照）。

　ここで，労働者はその所得をすべて消費する（賃金＝労働者の消費）と仮定すると，

$$利潤（P）＝投資（I）＋資本家の消費（C） \tag{1}$$

1．カレツキは，ケインズの『一般理論』よりも数年前に独立に「有効需要の原理」を発見しているが，ここでは，のちの著作（『資本主義経済の動態理論』浅田統一郎・間宮陽介訳，日本経済評論社，1984年）に収録されたモデルに一部修正を加え，ケインズ理論と対比しやすい形で説明する。

という関係が導かれる。これが，カレツキの「利潤決定の命題」と呼ばれるものである。彼は，資本家の投資および消費に関する決意（右辺）が利潤（左辺）を決定すると考えたのである。

(1)式にさらに，

$$C = B_0 + \lambda P, \ 0 < \lambda < 1$$

を代入して整理すると，

$$P = \frac{B_0 + I}{1 - \lambda} \tag{2}$$

という式が得られる。

カレツキの特徴は，ここに分配関係を導入することにある。いま，賃金分配率 W/P を α とおくと（ここで，W は賃金所得，Y は国民所得を表す），利潤分配率 P/Y は $(1 - \alpha)$ なので，これを(2)式に代入して整理すると，次式を得る。

$$Y = \frac{B_0 + I}{(1 - \lambda)(1 - \alpha)} \tag{3}$$

(3)式における $1/(1 - \lambda)(1 - \alpha)$ が，カレツキの「乗数」に当たる。ケインズの乗数との違いは，そこに分配関係を示す α が明示的に入っていることだが，その点を除けば，投資 I の大きさが国民所得 Y を決定するという論理は同じである。

　J・ロビンソンが初めてケンブリッジでカレツキに会ったとき，彼女はカレツキがケインズ経済学の思考法に精通していることに驚きを禁じ得なかったというが，彼が独立に上のような理論を構築していたとわかれば「謎」は解けるだろう。

　しかし，いかなる理論も，「無」から生じることはない。マーシャルを痛烈に批判したケインズの『一般理論』でさえ，マーシャルが創設者となったケンブリッジ学派の遺産を有効に活用していることが，今日ではふつうに認められるようになった[2]。カレツキの場合は，唯一知っていたマルクスの再生産表式を利用することを思い付いたのである[3]。

　カレツキは，経済体系を，投資財を生産する第Ⅰ部門，資本家の消費財を生産する第Ⅱ部門，労働者の消費財を生産する第Ⅲ部門の三つに分割する。各部門の産出量の価値 V は，利潤 P と賃金 W の和に等しいので，次の式が成り立つ。

$$V_i = P_i + W_i (i = 1, 2, 3)$$

　ところで，第Ⅲ部門の産出量は，W_3 に当たる部分はそれを生産した労働者によって消費されるが，残りの P_3 に当たる部分は他の部門における労働者によって消費される（これが，「賃金＝労働者の消費」の仮定である）。すなわち，

2．この点については，伊藤宣広『現代経済学の誕生——ケンブリッジ学派の系譜』（中公新書，2006 年）を参照。

3．Josef Poschl and Gareth Locksley, Michal Kalecki: A Comprehensive Challenge to Orthodoxy, in J. R. Shackleton and Gareth Locksley, eds., *Twelve Contemporary Economists*, Macmillan, 1981, p. 157. を参考にした。

$$P_3 = W_1 + W_2 \tag{4}$$

ここで，第 I 部門と第 II 部門の産出量の価値を合計すると，

$$V_1 + V_2 = P_1 + P_2 + W_1 + W_2$$

となるが，(4)式を考慮すると，ただちに次の式を得る。

$$V_1 + V_2 = P_1 + P_2 + P_3 \tag{5}$$

(5)式は，経済全体の利潤が，投資財の産出量と資本家の消費財の産出量の価値の和に等しいことを示している。すなわち，カレツキの $P = I + C$ という利潤決定の命題は，こうして導き出されるのである。

利潤決定の命題は，資本主義経済と社会主義経済の比較を試みる際にも威力を発揮する。例えば，W・ブルスは，投資の減少によって利潤が減少したとき，両体制の反応の仕方が違うことに注目して次のような図 3-1 を描いている（W. Brus, "Kalecki's Economics of Socialism," *Oxford Bulletin of Economics and Statistics*, February 1977, p. 58）。

この図では，縦軸に利潤（$P = C + I$），横軸に国民所得 Y が測られている。いま，完全雇用状態における利潤が OA の水準にあったとする。そのとき，国民所得に占める利潤のシェア P/Y は，直線 OC の傾斜によって示される。

さて，投資が減少して，利潤が OA から OA′ に減少したとしよう。そのとき，資本主義経済では，所得分配のパターン Y/P を維持し

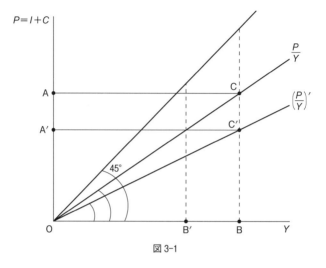

図3-1

　ようとする力が働くので，国民所得は OB から OB′ へと減少するだろう。これに対して，社会主義経済では，所得分配のパターンを維持する必要はないので，それを P/Y から $(P/Y)'$ に変化させることによって，もとの国民所得の水準 OB が維持されるだろう（ただし，実際に，社会主義経済がこのように運営されていたかどうかは別問題であるが）。それゆえ，カレツキは，次のような興味深い見解を提示している。

　「資本主義経済に見られるこの過程の性質を明らかにするために，社会主義体制においては投資の縮小がどのような効果をもたらすかを考察するのが有意義であろう。ここでは，投資財生産から解き放たれた労働者は，消費財産業に雇用されるであろう。そして消費財の供給増加は，その価格低下によって吸収されることであ

ろう。社会主義経済の利潤は投資に等しいはずであるから，投資
の価値の下落分に利潤の減少がちょうど等しくなる点まで，価格
が低下せしめられねばならないだろう。換言すれば，費用に対す
る価格の低下を通じて，雇用が維持されるであろう。ところが，
資本主義体制においては，……価格−費用関係が維持されるため，
産出量と雇用量の低下を通じて，利潤は投資プラス資本家消費と
同額だけ減少するのである。資本主義の弁護者たちは，よく「価
格メカニズム」が資本主義体制の大きい長所であると考えている
が，逆説的なことに，価格屈伸性 price flexibility は明らかに社
会主義経済に特徴的な性質なのである。」(『経済変動の理論』宮崎
義一・伊東光晴共訳，新評論，1958 年，67 ページ)

　カレツキは，資本主義経済では価格設定において「独占度」が大
きな役割を演じており，価格は大なり小なり伸縮性を欠いていると
考えていた。それゆえ，資本主義のイデオローグが，「価格伸縮性」
を資本主義経済の大いなる長所として宣伝する光景に違和感を覚え
ていたようである。ところが，彼によれば，「価格伸縮性」は，実は，
理想的に運営された社会主義経済でこそ威力を発揮するのであると
いう。惜しむらくは，その「理想的に運営された」社会主義経済が，
ほとんどこの世に存在しなかったことだろう。その事実は，誠実な
社会主義者であったカレツキを深く傷つけたかもしれない。

2　価格決定と分配関係

　カレツキの乗数に分配関係を示す α が入っていたことは前に触
れたが，カレツキは，これをその時点で利用できた価格理論を利用
しながら導き出そうとした。カレツキは，資本主義経済はすでに自

由競争が支配する段階から，独占や寡占などが主要産業において支配的な段階に入っているという認識をもっていたが，『経済変動理論集』(1939 年) ではその目的に利用できる理論は不完全競争論しかなかった。

だが，1930 年代後半におこなわれたオックスフォード経済調査によって，不完全競争理論の主要命題 (「限界収入」と「限界費用」が均等するところで利潤を最大化する産出量を決めるという考え方) が否定されると，その経済調査が企業家へのヒアリングで明らかにした「フルコスト原則」(生産物の 1 単位あたりの平均主要費用に，固定費用と一定の利潤率を加算する方法で価格を決定すること) と呼ばれる価格決定の方法を採用するようになった。

カレツキの『経済変動の理論』は，寡占状態にある経済におけるフルコスト的な価格設定をモデル化することから始まる。ある企業が価格 p を決定するとき，単位主要費用 u に一定の利潤加算率 m をかけて，しかも他の企業との対抗上，すべての企業の価格の加重平均 $\bar{p}$ (ウェイトは各企業の産出量) に対する p の比が高くなり過ぎないように考慮するだろう。その企業の他企業への対抗係数を n とすれば，価格方程式は次の式によって与えられる。

$$p = mu + n\bar{p} \tag{6}$$

ここで，m と n は正の係数であり，$n < 1$ と仮定される。(6)式に $p = \bar{p}$ の条件を代入して整理すると，次の式を得る。

$$\frac{p}{u} = \frac{m}{1 - n} \tag{7}$$

(7)式は，独占度 $k = p/u$ の動きが，$\dfrac{m}{1-n}$ の動きに反映される
ことを示している。

各企業についてのこの式を産出量 z で加重・集計すれば，

$pz =$ 総売上高
$uz =$ 総主要費用

なので，独占度 $k = p/u$ は，経済全体では，総売上高/総主要費用，
によって示される。総主要費用は賃金費用 W と原材料費用 M の和
なので，総売上高は，$k(W + M)$ によって表される。

粗利潤（総利潤 P ＋総共通費用 O）は，総売上高マイナス総主要費
用なので，

$$k(W + M) - (W + M) = (k - 1)(W + M)$$

によって示される。それゆえ，付加価値総額（$= W + O + P$）に占
める賃金総額の相対的シェア w は，

$$w = \frac{W}{W + (k - 1)(W + M)} \tag{8}$$

によって示される。ここで，$M/W = j$ とおくと，(8)式は次のよう
に書き換えられる。

$$w = \frac{1}{1 + (k - 1)(j + 1)} \tag{9}$$

　(9)式を見ればわかるように，労働分配率 w は，独占度 k と，j（＝原料費用／賃金費用）に依存している。カレツキは，当時の統計資料から w が安定しているという事実を得たが，それは景気循環を通して k と j が反対の方向に動き，その影響を相殺するからだと推論した。例えば，不況には k が上昇する反面，需要の落ち込みから j が低下するというように[4]。

　カレツキ理論は，以上のように，マクロの分配関係をミクロの価格設定から導き出すという方法論を一貫して採用しているところに特徴がある。

3　完全雇用の政治学

　ケインズの「有効需要の原理」を先取りしたカレツキは，もちろん，ケインズ流の完全雇用政策にも精通していた。だが，ケインズとは違って，カレツキは完全雇用政策はやがて挫折するに違いないと考えた。

　カレツキは，ケインズ政策が世界的に普及するはるか前，すなわち第二次世界大戦中に「完全雇用の政治的側面」（1943年）と題する論文を書いているが，そのなかで，公債でまかなわれた政府支出によって完全雇用を維持する政策の「政治的現実」に着目し，「資本主義経済ではもし政府がそのやり方さえ知っていれば完全雇用を維

　4．不況期に原料費用／賃金費用が低下するのは，原料の価格が主に需要によって決まるからである。カレツキは，価格決定について，原料や農産物などのように，価格が主に需要によって決定されるものと，製造工業品のように，価格が主に費用によって決定されるものに二分したが，その理由は供給余力の違いにある（言うまでもなく，前者には供給余力がほとんどなく，後者には供給余力があるという違いがある）。このような価格決定二分法は，のちのポスト・ケインズ派経済学に大きな影響を及ぼした。

持しようとするはずだ，という仮定は誤っている」と述べている[5]。

　カレツキは，完全雇用が政策的に実現されうるかというよりも，完全雇用の維持によって生じる社会的・政治的変化に焦点をあてる。彼によれば，完全雇用が維持されれば，資本家と労働者の力関係が後者に有利に働くようになり，前者は工場内の規律が壊れるのを危惧するようになるだろう。しかも，完全雇用が近づくにつれてやがて生じるインフレは，金利生活者の資産の実質価値を目減りさせるだろう。ここに至って，大資本と金利生活者の利害が一致し，力を合わせて完全雇用政策を葬り去るに違いないというのである。

　この論文のなかには，のちに「政治的景気循環」と呼ばれるようになったアイデアも含まれているので，彼の言葉を注意深く聞いてほしい[6]。

　「不況になると，大衆の圧力のもとで，あるいはそれがなくても，いずれにせよ大規模な失業を防止するために借入れによって調達された公共投資が企てられるだろう。しかしこの方法をその後の好況のさいに達成された高雇用水準を維持するためにまで適用しようとすると，「実業の主導者」の強い反対にあいそうである。すでに論じたように，永続する完全雇用というものはまったく彼らの好むところではない。労働者は「手に余る」だろうし，「産業の統率者」はしきりに「彼らに訓戒を垂れ」ようとするであろう。さらに，上向運動時の物価上昇は大小いずれの金利生活者にとっても不利になり，ために彼らは「好況にうんざり」してしまう。

5．M・カレツキ「完全雇用の政治的側面」(1943 年)，『資本主義経済の動態理論』前掲に所収，141 ページ。

6．同前，147 ページ。

　このような状態においては大企業と金利生活者の利害との間に強力な同盟関係が形成されそうであり，またそのような状態は明らかに不健全だと言明する経済学者をおそらく一人ならず彼らは見出すことであろう。これらすべての勢力の圧力，とりわけ大企業の圧力によって，政府は，十中八九，財政赤字の削減という伝統的な政策に後戻りしようとするだろう。不況がそれに続き，政府の支出政策は再び自らの権利を回復することになる。」

　たしかに，カレツキが言ったように，深刻な不況時に財政赤字を伴った政府支出政策が採られることは，戦後の世界ではほぼ「常識」になった。だが，カレツキはさらに，永続的な完全雇用を望まない大企業と金利生活者の同盟軍がやがてそれを葬り去ること，それを正当化する経済学者（永続する完全雇用は不健全だと言明する保守派の経済学者を思い浮かべればよい）も現れるだろうということ，しかしながら，また深刻な不況が訪れそうなら国民の支持を失いかねないので，これまた政府の支出政策が打ち出されるだろうということを驚くべき洞察力で予見した。

　つまり，完全雇用政策は「政治的」な理由で推進されたり放棄されたりすることによって，「人為的」に景気循環が生まれる可能性があるというのである。

　カレツキと比較すると，ケインズは，『一般理論』の有名なむすびの言葉にあるように，「思想」の力が究極的に「既得権益」を打ち負かすだろうと信じていた[7]。

　7．J・M・ケインズ『雇用，利子および貨幣の一般理論』下巻，間宮陽介訳（岩波文庫，2008 年）194 ページ。

「……経済学者や政治哲学者の思想は，それらが正しい場合も
誤っている場合も，通常考えられている以上に強力である。実際，
世界を支配しているのはまずこれ以外のものではない。誰の知的
影響も受けていないと信じている実務家でさえ，誰かしら過去の
経済学者の奴隷であるのが通例である。虚空の声を聞く権力座の
狂人も，数年前のある学者先生から［自分に見合った］狂気を抽き
出している。既得権益の力は思想のもつじわじわとした浸透力に
比べたらとてつもなく誇張されている，と私は思う。思想という
ものは，実際には，直ちに人を虜にするのではない，ある期間を
経てはじめて人に浸透していくものである。たとえば，経済学と
政治哲学の分野に限って言えば，25 ないし 30 歳を超えた人で，
新しい理論の影響を受ける人はそれほどいない。だから，役人や
政治家，あるいは扇動家でさえも，彼らが目前の出来事に適用す
る思想はおそらく最新のものではないだろう。だが［最新の思想
もやがて時を経る］，早晩，良くも悪くも危険になるのは，既得権
益ではなく，思想である。」

　第二次世界大戦後の終結から少なくとも四半世紀のあいだ，学界
や論壇ではケインジアンが優勢であったが，1960 年代終わり頃から，
じわじわとハイエクやフリードマンなどの「反」ケインズの経済思
想が力を盛り返し，1980 年前後には，戦後のケインズ主義と福祉国
家路線を明確に否定するイギリスのサッチャー政権やアメリカの
レーガン政権が誕生しているので，この問題に関する限り，カレツ
キに先見の明があったというべきだろう。

補論　ケインズとの重要な相違点

　カレツキとケインズは，「有効需要の原理」の提示という共通面
があることはすでに本文で触れたとおりである。だが，もちろん，
両者のあいだには，重要な相違点もあるので，いくつか紹介してお
く。

　第一に，両者の投資決定論を比較してみよう。ケインズは，投資
は，資本の限界効率が利子率に等しくなるところまでおこなわれる
と考えた。投資が増大するにつれて，投資財生産において収穫逓減
の法則が作用し始めるので，投資財の供給価格は上昇する一方，企
業間の販売競争の激化によって予想収益の系列は低下するので，資
本の限界効率は逓減するだろう。つまり，縦軸に資本の限界効率と
利子率，横軸に投資量を測った図では，資本の限界効率表は右下が
りとなるので，投資は，利子率が与えられれば，それと資本の限界
効率が等しくなるところまでおこなわれることになる。

　これに対して，カレツキは，完全操業度に至るまでの収穫一定と
不完全競争下の価格硬直性を仮定しているので，「限界利潤率」（ケ
インズの「資本の限界効率」に相当するものだと考えてよい）不変の仮
定を置いている[8]。さらに，投資決定に及ぼす利子率の影響をそれ
ほど重視せず（長期利子率は安定していることを理由に挙げている），
むしろ「危険逓増の法則」に焦点を合わせる。投資が増大するにつ
れて危険が逓増するのは，企業が不況期（平均利潤率＜利子率の状況
が続く）に自己資本からの企業者所得がますます減少していくこと
を憂慮するからである。このことは，借入資本によって投資を賄う

---

　8. Michal Kalecki, *Essays in the Theory of Economic Fluctuations*, G. Allen
　　& Unwin, 1939, Chap. 4. カレツキ理論の解説としては，浅野栄一『景気
　　循環と経済成長』（新評論，1970年）165-194ページがよくまとまっている。

場合ばかりでなく，株式の発行によって投資資金を調達する場合にも当てはまる。なぜなら，株式発行量の増大は，いずれ株価の下落を通じて投資を抑制するだろうから。かくして，カレツキは，投資は限界利潤率が利子率＋限界危険率に等しい点で決定されるという理論を提示した。縦軸に限界利潤率と利子率と限界危険率，横軸に投資量を測った図では，一定の利子率と逓増していく限界危険率の和は，当然，右上がりに描かれる。投資は，これと一定の限界利潤率が等しくなるまでおこなわれることになる。

　第二に，危険逓増の法則とも関連があるのが，カレツキによる企業者資本の「内部資本」と「外部資本」への二分割である。カレツキは前者が後者に対して優位を占めると考えているが，その理由は，内部蓄積が大きければ大きいほど金融市場へのアクセスにおいて優位に立てるという現実があるからだ。カレツキは，それを「ビジネス・デモクラシー」の仮定への批判という形で表現している[9]。

　「利用可能な企業者資本の大きさによって企業の規模が制限されるということは，資本主義制度の核心になっている。多くの経済学者は，少なくともその抽象理論の段階では，ビジネス・デモクラシーの状態を仮定しており，そこでは企業者的才能に恵まれた者はいかなる人であっても，事業をはじめるのに必要な資本を獲得することができると考えている。このような「純粋な」企業者の活動に関する絵画は，控え目にいって，非現実的である。資本の所有者であることこそが，まさに，企業者たりうるもっとも重要な条件なのである。」

9．M・カレツキ『経済変動の理論』宮崎義一・伊東光晴共訳（新評論，1958年）109ページ。

　カレツキによる「ビジネス・デモクラシー」批判のなかには，明らかに，マルクスの影響を見出すことができる。

　第三に，貨幣供給についての考え方の違いがある。『一般理論』のケインズは，貨幣供給を中央銀行によって決定される外生的定数であると見なしていた。だが，カレツキは，初期の論文「景気上昇の本質」(1935 年) から，投資の増大を賄うための資金が銀行貸付によって創造され，負債が銀行に返済されたときに消滅するという内生的貨幣供給観をもっていた[10]。このような思考法は，のちの「ポスト・ケインジアン」に大きな影響を与えたが (例えば，N・カルドアによるマネタリズム批判)，ケインズが投資の増大を賄うための新しい貨幣需要の動機，「ファイナンス動機」を導入し，内生説にある程度近づくのは「利子率の代替的理論」(1937 年) と題する論文が初めてなので，この点においても，カレツキの先駆性は明白である[11]。

10.　ポーランド語で書かれた初期のカレツキの論文は，いまでは，英語で読むことができる。*Collected Works of Michal Kalecki, vol. 2, Capitalism: Economic Dynamics*, Clarendon Press, 1991.

11.　鍋島直樹「カレツキの貨幣経済論——ケインズとの対比において」(『一橋論叢』第 104 巻第 6 号，1990 年 12 月号) は，カレツキの貨幣経済論を明快にまとめた優れた論文である

第 4 章

ケインズの弟子たち (1)
―― J・ロビンソンを中心に

　ジョーン・ロビンソン（Joan Robinson）は，ケインズの愛弟子の
なかで唯一の女性だが，その精力的な，ときに論敵に対する戦闘的
な言論活動は，第二次世界大戦後のケンブリッジ黄金時代の中心人
物と呼ぶにふさわしい。彼女は政治的にはケインズよりもはるかに
左傾化し，のちには，みずから「左派ケインジアン」を名乗ったく
らいだが，ケインズの他の愛弟子，リチャード・カーン（Richard
Kahn）や，LSE で新古典派として頭角を現したあと，転向してケ
インジアンとなったニコラス・カルドア（Nicholas Kaldor）ととも
に，「ポスト・ケインズ派経済学」の先駆者となった。

　J・ロビンソンの初期の代表作は，不完全競争理論の古典となっ
ている『不完全競争の経済学』（1933 年）である。この本は，スラッ
ファ（Piero Sraffa）のマーシャル批判を契機として発展してきた不
完全競争理論を一つの完成形態として提示した名著である。だが，
ケインズ革命に身を投じた頃から，ケインジアンとしての彼女の仕
事が増えていく。

　彼女のケインズ解釈は，「歴史的時間」のなかでの意思決定を重
視する点で，スタンダードな解釈（均衡分析の枠組みを用いた IS/LM
分析）とは一線を画していたが，のちのヒックスが，IS/LM を自己
批判し，ある意味で「歴史的時間」を重視する方向に進んだことは

あまり知られていない。

1 スラッファのマーシャル批判の衝撃

1926年12月, イギリスを代表する経済学専門誌『エコノミック・ジャーナル』に, イタリアの経済学者ピエロ・スラッファの論文「競争的条件の下での収穫の法則」と題する論文が掲載された[1]。スラッファは, 彼の才能に惚れ込んだケインズがのちにケンブリッジ大学への招聘に尽力することになるが, その論文は, ケンブリッジでは「神聖」なものとして権威をもっていたマーシャルの『経済学原理』（初版は1890年, 第8版の1920年まで版を重ねた）に論理的な矛盾が存在することを鋭く抉り出し, たちまちケンブリッジいや全世界の経済学界の注目の的となった。

「マーシャリアン・クロス」と呼ばれたマーシャルの部分均衡理論（特定の財の市場を取り上げ,「他の事情にして変わらなければ」という条件下での「需要と供給」を考える）は,『経済学原理』第5編の主要テーマであり, 今日の経済学教科書でも使われる分析装置の多くを提供しているが, マーシャルがとくに苦心した問題が残されていた。

マーシャルは, 部分均衡分析の枠組みを壊すことなく,「収穫逓増の下での競争均衡」を考える構想を練った。だが, 企業の「内部経済」（個々の企業内部の資源・組織・経営の能率から生じる生産費用の削減）を重視すると, いち早くそれを実現した企業が市場を完全独占してしまうので, 自由競争とは両立しないと考えた。そこで,「収穫逓増」（同じことだが,「費用逓減」）の根拠を主に「外部経済」

---

1. Piero Sraffa, "The Law of Returns under Competitive Conditions," *Economic Journal*, December 1926.

(「産業の一般的発展」に依存する) に求めたのである。

スラッファによれば，なるほど，ある産業に特有の外部経済，すなわち，その効果が一定の産業を超えて波及しないような外部経済があれば，マーシャルの構想も論理的に成り立つが，そのような外部経済は現実には存在しえない。というのは，外部経済の利益は，例えば交通運輸手段の発達のように，すべての産業に及ぶはずだから，マーシャルの部分均衡分析では捉えられないからだと。

スラッファは，それゆえ，収穫逓増の現実を競争分析ではなく独占分析によって解明する方向性を示唆したのだが，彼自身はそのような理論展開にかかわろうとはしなかった。だが，スラッファのマーシャル批判に影響を受けた経済学者たち (J・ロビンソンの他にも，R・カーン，ロイ・ハロッドなど) がこの分野に参入してきたので，ある段階で，その成果をまとめる作業が必要になってきた。J・ロビンソンの『不完全競争の経済学』は，まさに，その要請に応えるものであった。

J・ロビンソンは，いまでは経済学の初級者でも知っている，不完全競争下での利潤最大化条件 (「限界収入」MR と「限界費用」MC が等しくなるところで産出量を決めることによって利潤を最大化する) を図4-1 のように提示している[2]。

不完全競争下の企業は，MR と MC は等しくなる点Qの水準に産出量を決めるので，均衡価格と均衡産出量の組合せを示す企業均衡

2．「限界収入」(産出量を1単位増やすことによって得られる収入の増加分) や「限界費用」(産出量を1単位増やすごとに必要とされる費用の増加分) の概念は経済学の ABC である。完全競争下では，限界収入は価格に等しいので，価格＝限界費用が利潤最大化の条件となる。もし以上を忘れているようなら，ミクロ経済学の教科書を読み直してほしい。

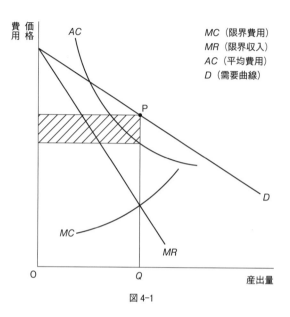

図 4-1

は点Pにおいて成立している。点Pは平均費用 AC が逓減しつつある（つまり，費用逓減または収穫逓増）部分で成立していることに注意しよう。

　ところが，点Pでは価格は平均費用を超えているので，図 4-1 の斜線部分だけ超過利潤が生じている。超過利潤がある限り，その産業へ新規企業が参入してくるので，不完全競争下で「産業均衡」が成り立つには，限界収入＝限界費用に加えて，価格＝平均費用という条件も必要である。J・ロビンソンは，この二つの均等条件が成立している状況を「完全均衡」と名づけたが，それは図 4-2 の点Pによって示される[3]。

　図 4-2 において，完全均衡点Pにおける産出量は，平均費用の最小点Qの産出量よりも小さいが，これは，点Pが「過剰設備」

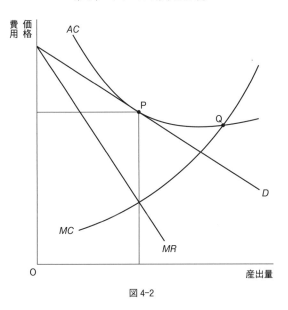

図 4-2

(excess capacity) を伴った均衡点であることを意味している。

　『不完全競争の経済学』は，1930 年代の理論的革新の一つである不完全競争理論を主に図を使いながら手際よくまとめた仕事であり，経済理論家としての J・ロビンソンの評価は，これによって定まったと言ってもよい。

_____

3．完全均衡点 P では，需要曲線の勾配と平均費用曲線の接線の勾配が等しいが，これを「カーンの定理」と呼ぶことがある。これは，カーンがケンブリッジ大学キングズ・カレッジのフェローシップ申請論文「短期の経済学」(1929 年 12 月) に基づいていると思われるが，海外の文献に「カーンの定理」と出てきたのを見たことがない。かつて，京都大学大学院での師であった菱山泉に尋ねたところ，「カーンの定理」は，おそらく，青山秀夫『独占の経済理論』(日本評論社，1937 年) が命名したものだろうということとだった。

　だが，現時点で回顧してみると，それは「限界原理」の不完全競争状況への一つの応用であり，その意味で，新古典派の枠組みを超えるものではなかった。しかも，カレツキの章（第3章）で述べたように，のちにオックスフォード経済調査が不完全競争理論の現実妥当性に疑問を投げかけたので，J・ロビンソンも早い段階からその本とは距離を置くようになった。

　しかし，では，彼女はどのような価格理論をとるようになったのだろうか。その問いに明確な回答を与えるのは難しいが，少なくとも，スラッファが『商品による商品の生産』(1960年）を刊行して以降は，そこで提示された「古典派アプローチ」の大きな影響を受けたといってもよさそうである。スラッファは，前に触れたように，不完全競争理論の発端となった論文を書いた人だが，彼自身はその理論の展開にはかかわろうとせず，実は，価格決定に生産の側からアプローチする「古典派アプローチ」の再生という仕事にすでに取り組んでいたことが知られている。だが，「古典派アプローチ」の概要は，第9章に譲りたい。

　不完全競争理論は1930年代の理論的革新の一つであったことは間違いないが，J・ロビンソンは，まもなくもっと重要な理論的革新，すなわち，ケインズ革命に身を投じることによって新古典派とは一線を画した「ケインジアン」としての立場を鮮明にしていく。彼女は，ケインズ革命を生んだイギリスのケンブリッジ大学こそが「ケインジアン」の本拠地であることを終生誇りにしており，アメリカでケインズ理論を新古典派と妥協させたサムエルソン（Paul A. Samuelson）の「新古典派総合」が主流派になるや，すぐさまそれに対する鋭い批判を展開するようになった（「新古典派総合」については，第6章で詳しく取り上げる）。

さらに留意すべきは，彼女が政治的には「適度に保守的」であったケインズよりもはるかに左傾化し，のちには，みずから「左派ケインジアン」を名乗るようになったことである。戦後ケンブリッジ大学に留学した日本人のなかには，「左派ケインジアン」としての彼女の言動から，「心酔」「反発」の両方を含めて，強烈なる印象を受けた者が少なくない。その意味でも，ケインズの愛弟子のなかで最も個性的な経済学者であったと思う。

2　「左派ケインジアン」として

　J・ロビンソンが左傾化したきっかけの一つは，若い頃にカレツキと懇意になり，その影響でマルクスを読み始めたことにあったと思われる。彼女は，ケインズの愛弟子のなかで，唯一，マルクスについての著作を書いている[4]。だが，「ケインジアン」の「左派」とは，どんな意味なのだろうか。

　ケインズは，『一般理論』において，マーシャル経済学（当時の正統派）に欠落していた雇用量（産出量）決定の理論を提示し，「ケインズ革命」と呼ばれたほどの大変革を成し遂げたが，雇用量の「水準」には関心があっても，その「内容」までは問わなかった。ケインズは，例えば，次のように言っている[5]。

　「この点を具体的に言えば，現在の体制がいま使用中の生産要素を著しく誤用しているとはとても思われない，ということである。もちろん，予見の誤りというものはある。しかしこのような誤り

4．Joan Robinson, *An Essay on Marxian Economics*, Macmillan, 1942.

5．J・M・ケインズ『雇用，利子および貨幣の一般理論』下巻，間宮陽介訳，岩波文庫，2008 年，188 ページ。

なら中央集権的な意思決定の場合でも同じである。働く意思と能力をもつ 1000 万人のうち 900 万人の人が雇用されている場合，これら 900 万人は違う仕事に就くべきだということではなく，問題は残りの 100 万人に仕事がないことである。現在の体系が機能不全に陥っているのは，現実の雇用の方向ではなく，その量を決定する点においてである。」

　雇用の「水準」のみに関心をもっていただけなら，雇用を維持するためならどんな生産活動でも是認されることになるが，J・ロビンソンはそのような考え方を支持しない。実際，第二次世界大戦後のアメリカでは，ケインズ主義が次第に受容されるようになっていったが，彼女はアメリカ大統領に対して財政赤字は無害だとアドバイスしながら軍産複合体に利用されやすい環境をつくってしまった「アメリカのケインジアン」（第6章で詳しく述べるように，彼らは「新古典派」と「ケインズ」を妥協させた「新古典派総合」的なケインズ理解を支持していた）たちを厳しく批判した。つまり，雇用を維持するだけなら，国民の福祉に何の関係がなくとも，政府支出が軍需産業に向かうことによっても実現できるからだ。しかも，彼らは「ケインジアン」と称しながら，市場メカニズムの働きにも期待をかけたので，公害や環境汚染のような外部不経済の問題も，抜本的対策によらず，その「内部化」（政府による税金や補助金政策）で対応できると考えていた。

　だが，J・ロビンソンは，ケインズ革命が成就し，「経済学の第一の危機」が過ぎた時点で，雇用の「水準」ではなく雇用の「内容」を問う方向に舵を切らなければならなかったのだと主張する。それができなかったがゆえに，雇用の「水準」だけは高いけれども，資

源が軍産複合体から排除された人たちの貧困解消のために配分され
ないという「経済学の第二の危機」が生じているのだという。

　J・ロビンソンが「経済学の第二の危機」について語り始めた頃
(1971年12月) は，いまだ1960年代の高度成長の記憶が人々の脳裏
に鮮明だったので，彼女のメッセージがどれほど人々に理解された
かは疑わしい。だが，「成長」によっては貧困解消も社会的公正の
保持もおぼつかないという彼女の次のような「左派」的メッセージ
は，「格差社会」の到来といわれるような昨今の日本の人々にもよ
うやく届くようになったかもしれない[6]。

　「しかし，富の増大は必ずしも貧困の減少と同じではありません。
　全般的な歓呼の声が，成長を賛美して湧き上がりました。成長が
　すべての問題を解決しつつある。貧困について頭を悩ます必要は
　ない。成長は底辺を引き上げ，貧困はそれについて注意を払う必
　要もなく消滅するだろう。より良く知っているべき経済学者たち
　も，こうした世論に唱和したのです。……

　　問題はそれだけではありません。成長によって主観的貧困が克
　服されないばかりでなく，それによって絶対的貧困も増加するの
　です。成長は技術進歩を必要とし，技術進歩は労働力の構成を変
　化させ，教育を受けた労働者により多くの職場を与え，無教育な
　労働者にはより少ない職場をもたらすのです。しかし，諸資格を
　身につける才能は，（稀な才能についてのわずかな例外を別として）
　すでにそれらの才能をもっている家庭に限られています。成長が
　上層で進行するにつれて，ますます多くの家庭が底辺に放り出さ

　6．ジョーン・ロビンソン「経済学の第二の危機」(1971年)，『資本理論とケ
　　インズ経済学』山田克巳訳（日本経済評論社，1988年）所収，314ページ。

れていきます。富が増加していく一方で，絶対的な悲惨が増加します。「豊富のなかの貧困」という言い旧されたスローガンが新しい意味を帯びてきます。」

　もちろん，のちの研究が明らかにしたように（例えば，トマ・ピケティ『21世紀の資本』山形浩生ほか訳，みすず書房，2014年参照），資産や所得の不平等が拡大していくのは，リベラリズムが後退し，保守主義が復活していく1970年代後半以降のことだが，J・ロビンソンは，いずれ「成長神話」の化けの皮が剥がれるのを見越していたのだろう。

　第二次世界大戦後のJ・ロビンソンの仕事のなかで最も論争を巻き起こしたのは，「資本」とは何かをめぐる論争の口火を切った論文「生産関数と資本の理論」（1953-54年）だろう[7]。彼女は，経済学教科書のなかに登場する集計的生産関数 $O = f(L, C)$ を取り上げ（O は産出量，L は労働量，C は資本量），資本 C がどんな単位で測定されるのかが真剣に検討されないままになっていると問題提起した。アメリカの正統派経済学（この時代は，ポール・A・サムエルソンが提唱した「新古典派総合」のこと）では，C の大きさは価格や分配から独立した物的な単位で測定できるし，その限界生産力をとって利潤率や利子率が決まるかのように教育されていたが，J・ロビンソンは，資本の大きさは利潤率から独立に計測することはできないので，そのような限界生産力説は循環論法に過ぎないと反論した。

　彼女の問題提起以降，イギリスのケンブリッジ大学を本拠にしていたケインジアンと，アメリカのマサチューセッツ州ケンブリッジ

7．ジョーン・ロビンソン「生産関数と資本の理論」（1953-54年），『資本理論とケインズ経済学』前掲に所収。

にあるハーヴァード大学や MIT を本拠にしていたケインジアンの
あいだで，いわゆる「ケンブリッジ資本論争」が繰り広げられたが，
現時点で回顧すると，それほど実り多い論争ではなかったように思
える。J・ロビンソンの主張は，ピエロ・スラッファの『商品によ
る商品の生産』(1960 年) によって補強されたが，アメリカのケンブ
リッジ側は，自分たちの主張の一部に誤りがあったことをのちに認
めたので，イギリスのケンブリッジ側が論争に勝利したように書い
てある文献もある。だが，いまだに，教科書のなかには集計的生産
関数は生き残っているので，そう単純な話ではなさそうである。結
局，両者の主張は平行線に終わったとみるほうが当たっているかも
しれない[8]。

　J・ロビンソンも，晩年になればなるほど，「資本の計測」問題よ
りも，新古典派の「均衡」概念 vs. ケインズの「歴史」概念という
方法論上の対立をより重視するようになった。しかし，ここでのケ
インズの「歴史」概念は，彼女独自のケインズ解釈と深く結びつい
ているので，それを簡単に説明しなければならない。

　J・ロビンソンは，ケインズが「不確実性」の下での意思決定 (流
動性選好や投資決定の問題) の問題を『一般理論』の核心に据えたこ
とを重視し，アメリカのケインジアンが「スタンダード」と見なし
た IS/LM とはきわめて対照的なケインズ理解を提示している。す
なわち，ケインズ革命の真の意義は，新古典派の「均衡」(合理的選
択の原理) から脱却し，「歴史」(推量や慣行に依拠した意思決定) 概念
を打ち出したことにあると[9]。これはどういうことかというと，ケ
インズの「不確実性の世界」では，厳密に「合理的選択の原理」に

　8．資本論争の詳細については，G・ハーコート『ケンブリッジ資本論争』神
　　谷傳造訳，改訳版 (日本経済評論社，1980 年) を参照のこと。

基づいた行動をとることは叶わず，経済生活の大部分が推量や慣行を基礎にしておこなわれるようになるということだ。

　そのよい例が，『一般理論』の第12章「長期期待の状態」に出てくる株式市場の話である。株式市場には「素人筋」と「玄人筋」がいるが，両者の行動パターンはきわめて対照的である。ケインズは，それを「企業」vs.「投機」という言葉で表現している[10]。ここで，「企業」とは「資産の全耐用期間にわたる期待収益を予測する活動」，「投機」とは「市場心理を予測する活動」のことを指している。ところが，ケインズは，現代では，ニューヨークのウォール街を観察すればわかるように，「投機」が「企業」に対して優勢を占めるようになり，それが極端に進むと，深刻な問題が起こりうることを憂慮している[11]。

　「投機家は企業活動の堅実な流れに浮かぶ泡沫としてならばあるいは無害かもしれない。しかし企業活動が投機の渦巻きに翻弄される泡沫になってしまうと，事は重大な局面を迎える。一国の資本の発展が賭博場（カジノ）での賭け事の副産物となってしまったら，なにもかも始末に負えなくなってしまうだろう。ウォール街の勝ち得た大きな成功は，それが本来，新投資を期待収益の点で最も有利な水路に引き入れることを社会的目的とする制度であったことにかんがみるならば，自由放任資本主義の傑出した勝利の一つだと

　9．ジョーン・ロビンソン「ケインズ革命はどうなったか」(1972年)，『資本理論とケインズ経済学』前掲に所収，53-66ページ参照。

　10．J・M・ケインズ『雇用，利子および貨幣の一般理論』上巻，前掲，219ページ。

　11．同前，220ページ。

胸を張るわけにもいかない。ウォール街の最良の頭脳は実際には異なった目的に向けられてきたという私の考えが正しいなら，このことを奇異に思う人はいないだろう。」

「慣行」や「推量」に基づく判断は必ずしも正しいとは限らないので，例えば予想収益を計算するとき，「楽観」または「悲観」の誤謬に曝される可能性が大いにあり，それが経済に必要以上の変動をもたらすだろう。それがケインズの「不確実性」の世界である。『一般理論』から引用しようと思えばいくらでもあるが，ここでは，第22章「景気循環に関する覚書」からとってみよう[12]。

「……好況の本質的特徴をなすのは，完全雇用状態ではたとえば2パーセントの収益を生むものがせいぜいであるような投資が，たとえば6パーセントの収益を生むという期待によって敢行され，またこの期待によって投資が価値評価されていることである。幻滅が訪れると，この期待は反対の「悲観主義の誤謬」に取って代わられ，実際には完全雇用状態下で2パーセントの収益を生む投資でありながら，ゼロ以下の収益しか生まないという期待が抱かれる。その結果，新たな投資は壊滅状態となり，行き着くところは失業状態——完全雇用状態では2パーセントの収益を生むはずの投資でも実際にはゼロ以下の収益しか生まないと期待される失業状態である。住宅は不足しているにもかかわらず，現にある住宅には誰も住むことができない，われわれが到達するのはこのような事態である。」

12.　J・M・ケインズ『雇用，利子および貨幣の一般理論』下巻，前掲，96-97ページ。

　J・ロビンソンは，このようなケインズの「不確実性」の世界を，「歴史的時間」のなかにある経済という言葉によって言い換えているのだが，「歴史的時間」の本質とは，現在が不可逆的な過去と未知の将来のあいだの狭間にあり，人間はそのような環境のなかで意思決定をせざるを得ないということである。「慣行」や「推量」は，もちろん，意思決定に影響を与えるが，「慣行」や「推量」そのものも脆い基盤の上に立っているので，突然，崩壊する可能性もある。かくして，J・ロビンソンは，ケインズの世界は，「均衡」分析の描く世界とは異質だと主張するのである。「歴史が取り返しのきかない過去から未知の将来へと一方的に進行する経済のなかに，経済が存在するということをひとたび認めるならば，空間をあちこち振動する振子についての機械的な類推に基礎を置く均衡概念は支持できなくなる。伝統的な経済学の全体が，新しく考え直される必要がある」と[13]。

　J・ロビンソンのケインズ解釈は，IS/LM のような均衡分析による図式化とは鋭く対立しているので，経済学教科書には出てこないのがふつうである。だが，彼女は，亡くなるまで，アメリカのケインジアンたちがケインズ革命の本質を誤解し，時計の針をケインズ以前の「古典派」の世界へと戻してしまったことを批判し続けた。その後，アメリカの主流派は，ケインズ革命を「去勢」するかのような新古典派優位の経済学になっていったが，そのことを思うと，J・ロビンソンがポスト・ケインズ派のような異端派にとってどれほど大きな支えになっていたかを痛感せざるを得ない。

　13．ジョーン・ロビンソン「ケインズ革命はどうなったか」，前掲，58 ページ。

3　N・カルドアの「ケインズ的分配理論」

　J・ロビンソンと並んで，戦後ケンブリッジ大学教授としてポスト・ケインズ派を支えたのがニコラス・カルドアである。カルドアはハンガリー出身で，最初 LSE のライオネル・ロビンズの下で新古典派の徹底的な教育を受けたが，ケインズの『一般理論』が出版されたあと，次第にケインズ的思考法に傾斜し，のちにはイギリスを代表するケインジアンの一人となった。

　ケインジアンとしてのカルドアの仕事のなかで最も有名なのは，「ケインズ的分配理論」を提示した論文「分配の代替的諸理論」(1955-56 年) だろう[14]。だが，これを紹介する前に，新古典派の分配理論（すなわち，限界生産力説）がどんなものだったかを振り返っておこう。

　限界生産力説の出発点は，（J・ロビンソンがやり玉にあげた）集計的生産関数 $Y = F(K, N)$ である。これは，ある与えられた技術水準のもとでの実質産出量 Y と，生産要素（資本 K と労働 N）のあいだの関係を表している。いま，生産物の価格を p，賃金率を w，資本財価格を q とすると，利潤 π は，$pY - (wN + qK)$ で表されるが，企業の利潤最大化行動を仮定するならば，労働需要と資本需要は次のような条件を満たさなければならない。

$$\frac{\partial \pi}{\partial N} = p \frac{\partial F}{\partial N} - w = 0 \qquad \therefore \quad w = p \frac{\partial F}{\partial N} \tag{1}$$

$$\frac{\partial \pi}{\partial K} = p \frac{\partial F}{\partial K} - q = 0 \qquad \therefore \quad q = p \frac{\partial F}{\partial K} \tag{2}$$

14.　カルドアの主要論文は，次の論文選に収録されているので便利である。
The Essential Kaldor, edited by F. Targetti and A. P. Thirlwall, Homes and Meier, 1989.

　すなわち，賃金率 w は労働の限界生産力の価値 $p\dfrac{\partial F}{\partial N}$ に等しく，資本財価格 q は資本の限界生産力の価値 $p\dfrac{\partial F}{\partial K}$ に等しい。

　生産関数が規模に関して収穫一定（一次同次）ならば，

$$\lambda Y = F(\lambda K, \lambda N)$$

となる。つまり，K と N をともに λ 倍（$\lambda > 0$）すれば，Y もまた λ 倍になるということだが，「オイラーの定理」によれば，一次同次関数は，次のような性質，

$$Y = \frac{\partial F}{\partial K}K + \frac{\partial F}{\partial N}N \tag{3}$$

をもつので，(1)式および(2)式を(3)式に代入して整理すると，

$$Y = \frac{q}{p}K + \frac{w}{p}N$$
$$\therefore \quad pY = qK + wN \tag{4}$$

　(4)式は，生産関数が一次同次であり，かつ生産要素 K と N に対して限界生産力に応じた支払いがなされるならば，生産額 pY は，利潤所得 qK と賃金所得 wN に完全に分配されることを示している。以上が，新古典派の限界生産力説と呼ばれるものである。

　さて，カルドアにとっての課題は，限界生産力のような「限界」概念に依存することなく，ケインズの乗数理論に依拠しながら代替的な分配理論を提示することだったが，彼は，一部カレツキのアイ

デアを採り入れることによって，簡潔で力強いモデルを提示することに成功した。

　まず，完全雇用を仮定し，総所得 Y を所与としよう。総所得は，賃金 W と利潤 P から構成される。賃金と利潤からの総貯蓄をそれぞれ S_w, S_p とおくと，次のような恒等式が得られる。

$$Y \equiv W + P$$
$$I \equiv S$$
$$S = S_w + S_p$$

　ここで，投資 I を所与とし，$S_w = s_w W$ と $S_p = s_p P$ という単純な比例的貯蓄関数を仮定すると，$I = S$ は次のように書き換えられる。

$$I = s_p P + s_w W = s_p P + s_w(Y - P) = (s_p - s_w)P + s_w Y$$

　この式から，次の二つの式が導かれる。

$$\frac{I}{Y} = (s_p - s_w)\frac{P}{Y} + s_w \tag{5}$$

$$\frac{P}{Y} = \frac{1}{s_p - s_w}\frac{I}{Y} - \frac{s_w}{s_p - s_w} \tag{6}$$

　(6)式は，労働者の貯蓄性向 s_w と資本家の貯蓄性向 s_p が与えられるならば，所得に占める利潤のシェア P/Y は，単に投資比率 I/Y のみに依存していることを示している。このモデルが有効に作用するには，次の条件が満たされなければならない。

$s_p \neq s_w$

$s_p > s_w$

　カルドアの意図は，(6)式を次のように読めば明らかだろう。投資 I の増大は，I/Y を上昇させるが，労働者の貯蓄性向と資本家の貯蓄性向が所与ならば，それは P/Y を増大させる。これは同時にインフレ圧力を伴う。だが，$s_p > s_w$ である限り，P/Y の増大は当初の投資 I の増大に等しいだけの貯蓄 S の増大をもたらすだろう，と（投資が減少するときは逆に考えてほしい）。

　ところで，(6)式において，$s_w = 0$ というカレツキ的な想定をおくと，

$$P = \frac{1}{s_p} I \tag{7}$$

と整理できるが，これは，利潤が投資と資本家の消費の和に等しいケースである。なぜなら，$s_p = 1 - c_p$（ここで，c_p は利潤からの消費性向）を(7)式に代入して整理すると，

$$P = I + c_p P$$

が得られるからである。先に，カルドアが，ケインズの乗数理論を基礎に，一部カレツキのアイデアを採り入れて分配モデルを提示したと述べたが，その意味はいまや明らかだろう。

補論　資本係数も利潤率から独立ではない

　J・ロビンソンが提起した「資本」計測上の問題，すなわち利潤
率から独立に資本の価値を知ることはできないという論点が資本論
争の引き金を引いたことは本文で述べたとおりだが，彼女がその後
に書いた『資本蓄積論』(1956 年) はやや複雑かつ難解で，教科書向
きではない。だが，彼女がヒントにしたヴィクセルの「生産性関
数」(一人当たりの産出量 Y/N と資本・労働比率 K/N との関係) を，資
本の計測上の問題がなかったとして利用したとしても，重要な示唆
が得られる。

　(7)式の両辺を資本の価値 K で割ると，

$$\frac{P}{K} = \frac{1}{s_p} \frac{I}{K} \tag{8}$$

を得るが，これは，利潤率 P/K が，資本家の貯蓄性向 s_p が所与な
らば蓄積率 I/K (I は ΔK に等しい) によって決まることを示している。

　だが，宮沢健一氏が指摘したように[15]，その利潤率は生産の技術
的制約下の企業の利潤最大化行動と整合的でなければならない。図
4-3 を見てほしい。縦軸には一人当たりの産出量 Y/N，横軸には資
本・労働比率 K/N が測られているが，f がヴィクセルの生産性関数
を示している。

$$\frac{P}{K} = \frac{Y - wN}{K} = \frac{Y/N - w}{K/N}$$

---

15. 宮沢健一『国民所得論』(筑摩書房，1976 年) 198-200 ページ参照。

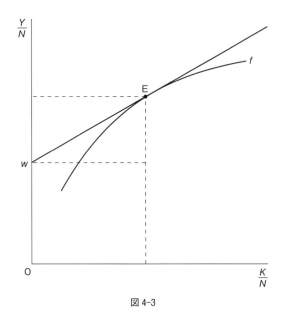

図 4-3

だから，縦軸上に実質賃金率 w を測ると，利潤率を最大にするのは，w から引いた線が生産性曲線と接する点Eである。

点Eに対応する Y/N と K/N は図からすぐにわかるが，これは同時に資本係数 K/Y を決める。なぜなら，$K/Y = \dfrac{K}{N} \div \dfrac{Y}{N}$ だからだ。すなわち，資本係数は利潤率から独立ではないのである。

カルドアの分配モデルは，分配率決定が生産側の条件から分離した形で提示されているが，これは暗黙裡に資本係数が利潤率から独立と見なされているからである。

第5章

ケインズの弟子たち（2）
——R・ハロッドを中心に

　ケインズ革命は，「有効需要の原理」を提示することによって，国民所得や雇用量がいかにして決定されるかをモデル化した画期的な仕事だった。その経済学史上の意義はどんなに強調してもし過ぎることはない。だが，同時に，そこには，「短期の想定」（資本設備，人口，技術が所与）が置かれていたことを思い出す必要がある。

　ケインズ経済学の思考法を受け容れた経済学者は，そこで，ケインズ理論の「長期化」という課題に取り組むようになったが，この問題に初めて正面から取り組んだ経済学者がロイ・ハロッド（R.F. Harrod）というケインズの弟子である。一昔前のマクロ経済学の教科書には，「ハロッド＝ドーマーモデル」の解説が載っていたものだが，いまの主要な教科書からはなぜか消えている（E・ドーマーも同じ問題に関心をもって，ハロッドと類似の均衡成長率の方程式を作っているので，そのように呼ばれていた）。

　第二次世界大戦後の経済成長理論（ハロッドの言葉では，「経済動学」）は，ハロッド理論の批判的検討から始まった。ハロッドは，「動学的均衡」の不安定性を「不安定性原理」として定式化したが，のちに，資本係数や貯蓄率の変化をモデルに採り入れるならば不安定性原理は成り立たないという批判が現れるようになった。

　だが，経済動学の分野を切り拓いたのは紛れもなくハロッドの功

績なので，まず，ハロッド理論がどんなものかを解説することから始めることにしよう。

1 ハロッドの「不安定性原理」

前に，ドーマーがハロッドと同じような問題意識をもっていたことに触れたが，ドーマーのモデルのほうが簡潔である。ケインズ理論の長期化に取り組んだ経済学者が注目したのは，「投資の二重性」（投資は短期的には有効需要の構成要素だが，長期的には生産能力を拡大させること）であった。それゆえ，モデルを作るには，投資の増大が有効需要を拡大させる効果と，投資が潜在的生産能力を拡大させる効果がちょうど釣り合う点を求めなければならない。

いま，最初に，国民所得 Y と潜在的生産能力 P が均衡している状態を考える。投資 I の増大は，乗数理論に基づいて国民所得 Y を(1)式のように増大させる（ここで，s は限界貯蓄性向を指す）。

$$\Delta Y = \frac{1}{s} \Delta I \tag{1}$$

だが，投資は，(2)式のように，それに「投資の潜在的・社会的・平均生産性」σ（つまり，産出効果のこと）だけ潜在的生産能力を増大させる。

$$\Delta P = \sigma I \tag{2}$$

したがって，$\Delta Y = \Delta P$ が成り立つには，

$$\frac{\Delta I}{I} = s\sigma$$

でなければならない。すなわち，$s\sigma$ が「均衡成長率」と考えてよいのである（これは，のちに説明するハロッドの「保証成長率」に相当するものである）[1]。だが，投資がつねに $s\sigma$ で増大するという保証はない。もし投資が $s\sigma$ 以上で増大すればインフレ圧力がかかるだろうし，反対に投資が $s\sigma$ 以下で増大すればデフレ圧力がかかるだろう。

　ドーマー・モデルと比較すると，ハロッドの理論はやや複雑である。だが，（ハロッドが「保証成長率」の不安定性を強調している点を除けば）モデルの本質は基本的には同じである。ハロッドのモデルは，最初，「動学理論に関する一試論」（"An Essay in Dynamic Theory," *Economic Journal*, March 1939）に提示されたが，のちに，『動態経済学序説』（*Towards a Dynamic Economics*, 1948）と題する著作において拡充されている。だが，その根本的な主張は 1939 年の論文と変わらないので，主にそれに沿って紹介していきたい。

　ハロッドの理論は，乗数理論と加速度原理を統合した次の三つの命題から出発する。

① 社会の所得水準は，社会の貯蓄の供給の最も重要な決定因である。

② 社会の所得の増加率は，社会の貯蓄に対する需要の一つの重

---

1. 最適資本係数 v を K/P と定義すると，$P = \frac{1}{v}K$ となるので（K は資本量で，$\Delta K = I$ である），$\Delta P = \frac{1}{v}I$ と表現することもできる。$\frac{1}{v}$ が σ に当たることは言うまでもない。この場合，投資の均衡成長率は，$\frac{s}{v}$ となる。
　　ドーマー・モデルの詳細については，E・D・ドーマー『経済成長の理論』宇野健吾訳（東洋経済新報社，1959 年）を参照のこと。

　要な決定因である。

③　需要は供給に等しい。

　さて，意図された貯蓄 S は，社会の所得水準 Y と貯蓄性向 s によって決定される。すなわち，$S = sY$。他方，ΔY だけの産出量の増加を支えるために必要とされる資本量の増加 ΔK（＝投資 I）を「必要資本係数」C_r と呼ぶならば（すなわち，$C_r = I/\Delta Y$），ΔY だけの産出量の増加のために必要な投資は，$I = C_r \Delta Y$ となる。

　需要と供給の均衡条件は $I = S$ なので，

$$C_r \Delta Y = sY$$

$$\frac{\Delta Y}{Y} C_r = s$$

となる。このときの $\Delta Y/Y$ は，産出量の需給が一致し，企業家にとって投資が適切な水準にあるものなので，「保証成長率」G_w と呼ばれている。したがって，

$$G_w C_r = s \tag{3}$$

が得られる。

　だが，現実には，保証成長率が実現されるとは限らない。そこで，いま，現実の産出量の増加 $\Delta Y'$ に対する現実の投資量の比 $I/\Delta Y'$ を「現実資本係数」C と呼ぶならば，$I = C \Delta Y'$ となるが，事後的には，投資と貯蓄はつねに等しいので，

$$C\Delta Y' = sY$$

$$\frac{\Delta Y'}{Y}\, C = s$$

となる。この $\Delta Y'/Y$ は、「現実成長率」G と呼ばれている。したがって、

$$GC = s \tag{4}$$

が得られる。

　さらに、ハロッドは、「自然成長率」G_n という概念を導入している。これは、人口の増加と技術進歩によって可能となる成長率のことだが、今日でいう「潜在成長率」にほぼ等しいものである。

　いま、人口を N、その増加率を x、労働生産性を Y/N（これをもって技術の状態を表すと考える）、その上昇率を y とおく。ハロッドは、C_r を変化させないような「中立的技術進歩」と呼ばれるものを仮定しているが、この場合、人口の増加と技術進歩によって可能となる産出量は、

$$N(1 + x) \times \frac{Y}{N}\,(1 + y) = Y(1 + x + y + xy)$$

となる。xy はきわめて小さいので無視すると、産出量の増加率はほぼ $(x + y)$ に等しくなる。それゆえ、自然成長率は、人口増加率と技術進歩率の和に等しいのである。

　さて、いま、現実成長率が保証成長率よりも大である $(G > G_w)$

としよう。この場合，(3)式および(4)式から $C < C_r$ となる。これは，現実に ΔY だけの産出量の増加が生じたとき，その生産に必要な資本量の増加が現実の資本量よりも大であること（資本ストックの不足）を意味している。それゆえ，企業家は資本ストックの不足を解消するためにさらに投資を増加させるので，現実成長率はますます大となって，G は G_w よりも一層上方に乖離していく。

　逆に，現実成長率が保証成長率よりも小である（$G < G_w$）場合は，$C > C_r$ となる。これは，資本ストックの過剰を意味しているので，企業家は投資をさらに減少させようとする。その結果，現実成長率はますます小となって，G は G_w よりも一層下方に乖離していく。

　すなわち，動学的均衡は，静学的均衡とは違って，いったんそこから乖離すると，ますますそこから乖離していくという不安定性をもっているのである。それゆえ，ハロッドは，これを「不安定性原理」と名づけた[2]。

　ハロッドは，さらに，自然成長率と保証成長率の関係から，景気循環が生まれる経済の長期的な背景を考察している。例えば，人口が急速に増加しつつある時代では，一般に $G_n > G_w$ となるが，G は長期的に G_n に制約されるので，$G > G_w$ となる可能性が高く，それゆえ，好況が比較的長く続く。逆に，人口増加が緩やかな時代では，一般に $G_n < G_w$ となるので，長期的には $G < G_w$ となる可能性が高く，それゆえ，経済は長期停滞に陥りやすい。

2．ハロッドは，次のように言っている。「私には，制御や干渉のない自由放任資本主義における「保証」均衡成長率が不安定であるという理論の基礎は，確固たるものであるという自信がある。そしてそれが景気循環の基本的な説明であると堅く信じている」と（『経済動学』宮崎義一訳，丸善，1976年，69ページ）。

　留意すべきは，ハロッドが，G_w や G_n の絶対値ではなく，G_w からの乖離を問題にしていることである。彼は次のように言っている[3]。

　「ブームとスランプを生み出すのに最も影響をもっているのは，G_w からの乖離であって，G_w そのものの値ではない。もし G_w の値があまりにも大（G_n のよれよりも大）ならば，乖離が下降の方向に向かう支配的な傾向が生じるだろう。そこから免れる道はない。私は，このパラドックスが，ケインズ経済学と古典派経済学のあいだにある対照の核心にきわめて近いものだと信じている。G_w が G_n 以下である限り，貯蓄は美徳であり，かつ有益である。G_n を超える G_w をもつことは不幸であるが，G_n よりもはるかに低い G_w をもつこともよいことではない。なぜなら，その場合には，数多くのブームと完全雇用に近づく頻繁な傾向がみられるかもしれないとしても，その高い雇用はインフレ的であり，したがって，不健全なものだろうから。これらの状況下では，貯蓄は G_w を引き上げることによってインフレなき良好な雇用を可能にするがゆえに美徳である。しかし，もし G_w が G_n 以上であれば，貯蓄は不況を生み出す力なのである。」

　ケインズは，有効需要が不足の場合は貯蓄は悪，有効需要が過剰な場合は貯蓄は善と使い分けたが，ハロッドはその思考法を動学理論に移し替え，$G_n > G_w$ の場合は貯蓄は善，$G_n < G_w$ の場合は貯蓄は悪，というように分類し直したのである。ハロッドが，J・ロビンソンとはまた違った意味で，優れたケインジアンであるゆえんで

　3．R. F. Harrod, *Towards a Dynamic Economics*, Macmillan, 1948, pp. 88-89.

ある。

2 新古典派成長理論による異論

ハロッドの動学理論が提示されたあと，いくつかの反論が提出された。その一つが，ロバート・ソロー（Robert M. Solow）が提示した新古典派成長モデルである[4]。ソローのハロッド批判は，ハロッドが不変と仮定した資本係数の可変性に注目したものだが，ソローは，その議論を集計的な生産関数 $Y = F(K, L)$ から始めている（ここで，Y は産出量，K は資本量，L は雇用量を意味している）。

ソローは，「規模に関する収穫不変」（K と L をともに α 倍すれば，Y もまた α 倍になる。$\alpha > 0$）の仮定を置いているので，いま，$\alpha = 1/L$ とすれば，生産関数は次のように書くことができる。

$$\frac{Y}{L} = F\left(\frac{K}{L}, 1\right)$$

ここで，$\dfrac{Y}{L}$ は労働生産性，$\dfrac{K}{L}$ は資本・労働比率（資本集約度）を意味しているが，以下では，それぞれ y と k で表す。したがって，生産関数は，次のように書き換えられる（図5-1を参照のこと）。

$$y = f(k) \tag{5}$$

労働人口が外生的に与えられた率 n で増加し（$\Delta L/L = n$），すべて完全雇用されること，そして，貯蓄 sY はすべて投資され，現存

---

4. R. M. Solow, "A Contribution to the Theory of Economic Growth," *Quarterly Journal of Economics*, February 1956.

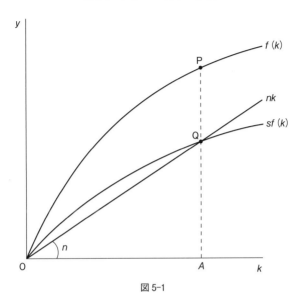

図 5-1

資本設備への追加 ΔK となることを想定してみよう（$\Delta K = sY$）。貯蓄がすべて投資されるという考え方は，ケインズ以前の「古典派」の世界であることにも留意してほしい。$\Delta K = sY$ の両辺を L で除すと，

$$\frac{\Delta K}{L} = sf(k)$$

となるが，

$$\Delta k = \Delta\left(\frac{K}{L}\right) = \frac{\Delta K L - \Delta L K}{L^2} = \frac{\Delta K}{L} - nk$$

という関係を考慮して整理すると，次のようなソローの成長方程式が得られる。

$$\Delta k = sf(k) - nk \tag{6}$$

ハロッド・モデルとの比較を明確にするために，(6)式をさらに次のように書き換える。

$$\Delta k = \left(s\frac{f(k)}{k} - n \right)k$$

ここで，$f(k)/k$ は資本係数 $v = K/Y = k/y = k/f(k)$ の逆数だから，右辺の括弧内の第1項は s/v となり，ハロッドの G_w に等しくなる。そして，n は労働人口の成長率だが，ここでは技術進歩は考慮外なので，ハロッドの G_n に等しい。したがって，(6)式は次のように書くこともできる。

$$\Delta k = (G_w - G_n)k \tag{7}$$

さて，(6)式と(7)式をみると，$sf(k) = nk$，あるいは $G_w = G_n$ のとき，$\Delta k = 0$ となるのがわかるが，これは k の値が時間を通じて一定であること，換言すれば，K も L も同じ n という成長率で増大していくことを意味している。ソローは，「規模に関する収穫不変」を仮定しているので，K と L が n の成長率で増大している以上，Y もまた n の成長率で増大しているはずである。したがって，y，k，v も時間を通じて一定の値をとる。この状態がソローの「均衡成長」

だが，図5-1では，点Qによって示される。

　ソローは，この均衡成長経路が，資本係数 v の変化を通じて動学的に安定的であることを主張している。例えば，k の値が OA よりも小さいとき，$sf(k)$ は nk よりも大きい（G_w は G_n よりも大きい）ので，$\Delta k > 0$ となる。すなわち，K は L よりも大きな率で増大するので，資本係数 v が上昇していく（v の上昇は G_w の値を小さくし，それを G_n に近づける）。この動きは，k が OA の値に到達するまで続くだろう。

　逆に，k が OA よりも大きいとき，$sf(k)$ は nk よりも小さい（G_w は G_n よりも小さい）ので，$\Delta k < 0$ となり，k も v も時間を通じて減少していく（v の減少は G_w の値を大きくし，それを G_n に近づける）。この動きも，k が OA の値に到達するまで続くだろう。

　かくして，ソローは，資本係数の変化を認めるならば，ハロッドの動学理論とは反対に，G_w と G_n が均等化するメカニズムが備わっている新古典派成長理論を提示したのである[5]。

3　カルドアのハロッド批判

　カルドアは，第4章で触れたように，J・ロビンソンとともにポスト・ケインズ派経済学の先駆者であり，政治的立場は微妙に違ってはいても，ハロッドとも多くの共通面（ケインズの有効需要論の受容，インフレ対策としての所得政策の推奨，国際収支危機に際しての一時的な輸入統制の容認など）をもっている。だが，動学理論の分野では，あえてハロッドに異を唱えている。カルドアの主張の理論的基

5．その後のソローの成長理論については，ロバート・M・ソロー『成長理論』第2版，福岡正夫訳（岩波オンデマンドブックス，2017年）を参照のこと。

礎は，第4章で提示したケインズ的分配理論にあるので，そのモデルを念頭に置いてほしい。

さて，いま，$G_n < G_w (= s/C_r)$ の場合を考えてみる。これは，労働人口の成長率が資本の成長率よりも低いケースと見なせるので，賃金率が相対的に騰貴し，労働所得の分配率を上昇させる（同じことだが，利潤所得の分配率を低下させる）。これは，$s_p > s_w$ である限り，貯蓄率 s を低下させるだろう。なぜなら，$S = s_p P + s_w W$ に，$W = Y - P$ を代入して整理すると，次の式が得られるからである[6]。

$$s = \frac{S}{Y} = (s_p - s_w) \frac{P}{Y} + s_w$$

こうして，貯蓄率 s が低下すると，やがて $G_n = G_w (= s/C_r)$ が実現するだろう。

逆に，$G_n > G_w$ の場合は，労働人口の成長率が資本の成長率よりも高いケースと見なせるので，賃金率が相対的に低下し，利潤所得の分配率が上昇する。これは，$s_p > s_w$ である限り，貯蓄率を上昇させ，やがて G_n と G_w は一致するだろう。

それゆえ，カルドアは，所得分配の変化を通じて貯蓄率が変化するならば，G_n と G_w が一致するようなメカニズムが備わっていると

---

6. 宮沢健一『国民所得論』三訂版（筑摩書房，1984年）326-327ページ参照。
7. カルドアは，次のように言っている。「"保証"成長率と"自然"成長率は，お互いに独立ではない。すなわち，もし利潤マージンが伸縮的であれば，前者は P/Y の結果的な変化を通じて後者にみずからを適応させるだろう」と（Nicholas Kaldor, "Alternative Theories of Distributions," in *The Essential Kaldor*, edited by F. Targetti and A. P. Thirlwall, Homes and Meier 1989, p. 224）。

主張するのである[7]。

　こうして，ハロッドによって開拓された経済動学は，一つには資本係数の変化に注目した新古典派成長理論の批判，もう一つには貯蓄率の変化に注目したカルドアの批判によって挑戦を受けた。だが，その後も，必ずしもハロッドの意図とは違うかもしれないものの，その分野は順調に発展し，今日に至っている。経済動学を初めて開拓したという意味でのハロッドの功績は不滅である。

補論　ソローの「成長会計」について

　集計的生産関数は，第4章で触れたように，「資本」の計測をめぐって，J・ロビンソンによって痛烈に批判されたが，それは，依然として，ソローの新古典派成長理論にも使われていた。これから簡単に解説するソローの「成長会計」の手法も，集計的生産関数なしにはあり得ない。その意味では，集計的生産関数は，J・ロビンソンの異論にもかかわらず，現代経済学にとって必須の分析ツールといってよい。

　いま，生産量を Y，資本ストックを K，労働人口を L，生産技術の水準を A とおき，コブ゠ダグラス型生産関数 $Y = AK^a L^{1-a}$ の対数をとる。

$$\log Y = \log A + a\log K + (1 - a)\log L$$

両辺を時間に関して微分すると，次のようになる。

$$\frac{dY}{Y} = \frac{dA}{A} + a\left(\frac{dK}{K}\right) + (1 - a)\left(\frac{dL}{L}\right)$$

　A は生産技術の水準を表す変数だったが，専門用語では「全要素生産性」と呼んでいる。a と $(1-a)$ は，コブ＝ダグラス型生産関数の係数に対応しているが，a は資本分配率，$(1-a)$ は労働分配率に等しいことが知られているので，上の式は次のように書き換えられる。

　　経済成長率＝全要素生産性の上昇率＋資本分配率
　　　　×資本ストックの増加率＋労働分配率×労働人口の増加率

　全要素生産性の上昇率は，「技術進歩率」と呼び替えてもよいが，それを直接測定することは難しいので，実際には，次のような方法がとられる。

　　技術進歩率＝経済成長率－資本分配率
　　　　×資本ストックの増加率－労働分配率×労働人口の増加率

　こうして計測された技術進歩率が「ソローの残差」と呼ばれている。すなわち，成長会計とは，測定できる限りの投入要素をひとまとめにして指標を作り，経済成長率とその指標の伸び率との比較から技術進歩率を推計するという手法なのである。
　成長会計は，経済学者の時事論説を読んでいると，しばしば登場することに気づく。四半世紀ほど前，東アジアの急成長が欧米にとって脅威となるという時論が登場したとき，著名な経済学者ポール・クルーグマン（Paul Krugman）は，それは，かつて旧ソ連の急成長が資本主義諸国にとっての脅威となるという時論が「幻想」だったのと同様に，同じ運命をたどるだろうと「予言」した。そし

て，その際に依拠したのが，まさに成長会計の手法だった[8]。

　一昔前，旧ソ連の計画経済が，消費財の供給に難点があり，制度も非人間的な要素が多かったにもかかわらず，経済成長の実現において目覚ましい成果を上げていた時期があった。ところが，よく吟味してみると，旧ソ連の経済成長は，技術進歩というよりは，投入要素の増加によるよるものだった。そのような成長は持続しないし，実際，その後すぐに失速した。

　クルーグマンは，同じことが東アジアの急成長にも当てはまると看破し，その地域の経済的成功を産業政策や選別的な保護主義に帰そうとする人たちの見解を退けたのである。

8．ポール・クルーグマン「アジアの奇跡という幻想」，『クルーグマンの良い経済学 悪い経済学』山岡洋一訳（日経ビジネス文庫，2000 年）所収。

第6章

新古典派総合

　「新古典派総合」(Neo-classical Synthesis) とは，第二次世界大戦の終結から少なくとも四半世紀のあいだ，欧米の経済学界の主流であった経済学だが，それを体系化したのは，アメリカ人として初めてノーベル経済学賞の栄冠に輝いた天才，ポール・A・サムエルソン (Paul A. Samuelson) である。

　サムエルソンは，戦後まもなく，世界中で読まれるようになる『経済学——入門的分析』(初版は1948年だが，3-5年の間隔で改訂され，サムエルソンの単著としては1980年の第11版まで版を重ねた) を書いたが，この教科書が1950年代から新古典派総合の看板を掲げたので，その普及に大きく貢献することになった。もちろん，新古典派総合は，のちに左右両派の陣営からの批判にさらされるようになり，1980年代には，ついに瓦解してしまうのだが，それが一時代を画した経済学的思考法だった事実は揺るがない。

　この章では，サムエルソンの新古典派総合の発想はどこから生まれたのか，それはいつの時代に黄金時代を迎え，その後，どのような経緯で衰退していったのかをテーマにすることにしよう。

1　ケインズ経済学のアメリカ上陸

　いまでは，多くの証言があるように[1]，ケインズ革命はハーヴァー

ド大学を経由してアメリカに上陸し，アルヴィン・H・ハンセンや
サムエルソンなどの啓蒙活動を通じて全米に普及していったが，そ
の鍵となる人物がカナダ出身で，イギリスのケンブリッジ大学でケ
インズの直接の教えを受けてから，1935年秋ハーヴァードへやっ
てきたロバート・ブライスである。

　ブライスは，ハーヴァードの人気教授となっていたシュンペー
ターのゼミナールに参加したが，有効需要論を背景にもつブライス
の見解がことごとくシュンペーター理論とぶつかったので，参加し
ていたサムエルソンたちは，ケインズの「新理論」とはどんな内容
なのかが知りたくなり，刊行予定となっていたケインズの『一般理
論』をみなで予約注文したという。だが，ケインズの『一般理論』
は，そうたやすく読める本ではなかった。シュンペーターが「天
才」と遇していたサムエルソンでさえ，初期には，その真意を測り
かねて手探り状態だったことを認めている。

　一つの転機になったのは，1937年，ハンセンがミネソタ大学から
ハーヴァード大学へと招聘されてきたことだろう。ハンセンは，当
初，『一般理論』に対してやや冷淡な書評を書いていたが，ハー
ヴァードでジョン・ウィリアムズとの共同指導で「フィスカル・ポ
リシー・セミナー」を続けていくうちに，いつの間にか，みずから
がケインズ理論の熱心な支持者となっていた。彼はすでに齢50代
に入っていたが，セミナーに参加している若手でケインズ理論に魅
了された大学院生たちと議論していくうちに，ケインズ経済学の意
義を誰よりも高く評価するようになったのだ[2]。

　1．一例として，都留重人『近代経済学の群像』（現代教養文庫，1993年）229-
　　233ページ参照。
　2．都留重人『現代経済学の群像』（岩波書店，1985年）55ページ参照。

　ハンセン＝ウィリアムズのセミナーは，フィスカル・ポリシー・セミナーという名称が付いていはいたが，事実上，ケインズ経済学研究の場だった。当時アメリカには，本格的なケインズ経済学を学ぶことができるのはそのセミナーだけだったので，ハーヴァードの学生や研究者ばかりでなく，ワシントンの官僚たちも聴講にきて，参加者がホールにまであふれたと言われている。

　サムエルソンは，ケインズ革命に身を投じた若手のなかで最も頭脳明晰な天才だった。当初は手探り状態だったものの，やがて，今日の初歩的な教科書には必ず載っている45度線を用いた最も簡潔なケインズ・モデルを考案した。それは，彼がのちに書いた教科書『経済学——入門的分析』を通じて全世界へと普及していった。セミナーを指導したハンセンも，第1章で紹介したヒックスのIS/LMによるケインズ理解を受容し，それを大胆に採り入れた啓蒙書をいくつか著した[3]。サムエルソンは，ケインズ経済学をアメリカの土壌に根づかせたハンセンの功績に敬意を表して，IS/LMのことを「ヒックス＝ハンセン図」と呼んだくらいである[4]。サムエルソンとハンセンは，アメリカにおける新古典派総合の生みの親といってもよいだろう。

　ところで，新古典派総合とは何かを語るには，そのヒントがすでにケインズの『一般理論』最終章「一般理論の誘う社会哲学——結語的覚書」に含まれていたことに触れずにおくことはできない。ケインズは，次のように言っていた[5]。

　3．Alvin H. Hansen, A *Guide to Keynes*, McGraw-Hill, 1953. Ditto, *Monetary Theory and Fiscal Policy*, McGraw-Hill, 1949.

　4．ポール・A・サムエルソン『経済学』第11版，都留重人訳（岩波書店，1981年）上巻，372ページ。

「広く受容されている古典派経済理論をわれわれが批判するのは，それが分析上の論理的欠陥をもっているからではなく，その暗黙の仮定がめったにあるいは全く満たされず，その結果，現実世界の経済問題を解決することができないからである。中央統制が功を奏して，可能な範囲でほぼ完全雇用に近い総産出量を確立できたなら，そのとき以降，古典派理論はふたたび面目を取り戻す。産出量が与えられている，すなわち産出量が古典派の思考図式の枠外の諸力によってすでに決定されている場合には，古典派の分析に異存のあろうはずがない。具体的に何を生産するか，それを生産するために生産要素をどのような割合で結合するか，それらのあいだに最終生産物価値をどのように分配するか——こうしたことを私的利己心がどのように決定するかについての分析はそのままの形で成り立つのである。あるいはまた，われわれは節倹の問題を古典派とは別のやり方で扱ってきたが，それにもかかわらず，完全競争，不完全競争のそれぞれにおいて，個人の利益と社会の利益がどの程度一致するかについての現代の古典派理論には何も異存はない。要するに，消費性向と投資誘因のあいだの調整を中央統制によって行う必要がある場合を除くと，これまで以上に経済生活を社会化するいわれはないのである。」

サムエルソンは，1930 年代のアメリカの大恐慌を経験した者として，自由放任主義を否定したケインズのメッセージを真剣に受けとめた。すなわち，自由放任主義の下では，完全雇用が実現するとは限らないので，ケインズ経済学の教えに従って，政府が総需要を

5．J・M・ケインズ『雇用，利子および貨幣の一般理論』下巻，間宮陽介訳（岩波文庫，2008 年）187-188 ページ。

適切に管理し，できるだけ完全雇用に近い状態をもたらすような産
出量を実現しなければならない。だが，ひとたび完全雇用が実現さ
れたならば，再び市場メカニズムが有効に働き始めるので，政府は
その分野で介入する余地はない，と。かくして，サムエルソンは，
ケインズの示唆を自分なりに再解釈して，「新古典派総合」の名称
でみずからの教科書『経済学——入門的分析』のトレードマークに
していく。それが最も明快に表現されたのは，第6版（1964年）に
おいてだったように思われる[6]。

　「財政金融政策を適当に補強することにより，われわれの混合企
　業制度はブームやスランプの行き過ぎを避けることができ，また
　健全な前進的成長の展望をもつことができる。この基本的な点が
　理解されれば，小規模の「ミクロ経済学」を扱った古い古典派の
　原理からその関連性と妥当性の多くを奪ったパラドックスも，い
　まやその効力を失う。要するに，所得決定の近代分析をものにす
　れば，基礎的な古典派の価格付け原理の正しさも，ほんものとし
　て確認されるのであって，経済学者はいまや，ミクロ経済学とマ
　クロ経済学との大きな溝は埋められた，と言うことができるので
　ある。」

　サムエルソンが掲げた新古典派総合は，1960年頃までには完全
に学界の主流を押さえていたが，1960年は，奇しくもジョン・F・
ケネディがアメリカ大統領選挙を制した年と重なっている。その翌
年から始動したケネディ政権の経済政策の司令塔には，サムエルソ

　6．ポール・A・サムエルソン『経済学』第6版，都留重人訳（岩波書店，1966
　　年）上巻，500ページ。

ンの大きな影響を受けたケインジアンたちが結集したが，その概要
を次に紹介したい。

2　ケネディと「ニュー・エコノミックス」

1961 年 1 月 20 日，ケネディがアメリカ大統領に就任したとき，
経済政策の司令塔というべき経済諮問委員会の委員長に任命された
のは，ウォルター・ヘラー（Walter W. Heller）というミネソタ大学
教授だった。ヘラーは，サムエルソンのような世界的な経済学者と
比較すると，やや地味の感があったが，新古典派総合の考え方に
沿った経済政策を提言し続け，総需要管理という意味でのケインズ
政策をアメリカの土壌に根づかせるとともに，完全雇用が近づくに
つれて忍び寄ってくるインフレ対策にも取り組んだ。当時のメディ
アは，ケネディの経済政策の土台をなしている新古典派総合を
「ニュー・エコノミックス」と呼んだが，その理論的指導者がサム
エルソンなら，その実戦部隊での指揮者がヘラーであったといって
も過言ではない。

　現在では，誤解もずいぶん正されてきたが，一昔前は，ルーズ
ヴェルト大統領の「ニューディール」をケインズ政策の実践として
記述した高校の教科書や巷の啓蒙書が少なくなかった。だが，それ
は正確には事実ではない。ケインズ政策（例えば，景気対策としての
減税）を意図的に実践の場に移したのはケネディー政権が初めてで
あり，そのことはヘラー自身が一番よく意識していた。それゆえ，
ヘラーは，ケネディ政権こそが「ケインズ革命を完成させる」のだ
という意気込みをもって仕事に取り組んだのである。委員長職を退
いたあと，ヘラーは次のように述べている[7]。

「経済学は，1960年代に成熟した。二人のアメリカ大統領が，現
代経済学を国力と大統領の権力の源泉として認識し，それを活用
した。彼らが初めてすすんで現代経済学の全領域を利用しようと
したことは，1961年初めから連続しているアメリカの経済の拡
大の基礎にある。すなわち，その拡大とは，最初の5年間に，700
万以上の新しい職を創り出し，利潤を倍にし，実質国民生産を三
分の一増加させ，1961年のアメリカ経済を苦しめていた現実の
生産と潜在的生産のあいだの500億ドルのギャップを埋めたよう
なものであった。

　そのような巨大な生産ギャップが次第に埋められるようになる
とともに――一部は原因として，もう一部は結果として――専門
的な経済学者と実務家，経済勧告者と意思決定者とのあいだの知
的ギャップも徐々に，それから急速に狭まってきた。経済的神話
や誤った恐れが経済政策を停滞させるほど支配していたのだが，
その力も弱まってきて，たぶん崩壊しさえした。<u>私たちは，よう
やく事実上，20年前の法律（1946年の雇用法）において承認され
たものを受け容れたのである。すなわち，連邦政府は，この国の
経済的安定と成長について何よりも大切な責任を負っていると。
そして，私たちは，ようやく，それらの目標を果敢に追求するた
めに財政・金融政策を解き放ったのである。</u>

　これらは深遠な変化である。それがもたらしたものは，
「ニュー・エコノミックス」の創造ではなく，ケインズ革命の完
成――ケインズが口火を切ってから30年後のことだ――である。
そして，その変化は，政治経済学者を大統領のすぐ近くに置いた

7．Walter W. Heller, *New Dimensions of Political Economy*, Harvard
　　University Press, 1966, pp. 1-2. 下線は引用者。

のである。」

　さて，ケインズ政策はメディアではしばしば不況対策（赤字財政を伴った財政出動）と同一視されやすいが，新古典派総合は，総需要が過剰になったときに現れるインフレ問題に目を瞑っていたわけではない。通常，総需要が総供給と比較して過剰になれば，不況対策とは逆の政策（金融の引き締めと財政支出の削減）が提言されるが，それだけでは効果が十分ではないとき，もう一つ別の政策手段が必要である。

　新古典派総合が用意したのは「ガイドポスト政策」と呼ばれるものだが，これは，貨幣賃金上昇率を生産性上昇率内におさめるという意味で，一種の所得政策だと考えてよい。そして，その意図をわかりやすく説明するにしばしば使われたのが，「フィリップス曲線」である（図6-1参照）。縦軸に貨幣賃金上昇率，横軸に失業率を測ったとき，右下がりの曲線WWが描かれているが，これは，もともと，フィリップス（A. W. Phillips）が<u>経験的</u>な関係として導入したものである[8]。この曲線をみると，失業率が高いと貨幣賃金上昇率が低く，逆に，失業率が低いと貨幣賃金上昇率が高いことがわかる。図の u^* を「自然失業率」（自発的失業者と摩擦的失業者の合計が全労働人口に占める割合）と呼べば，数学的には，次のように表現できる（W は貨幣賃金率，u は現実の失業率，λ は労働市場の需給状況に対する賃金の反応度を示している）。

8．A. W. Phillips, "The Relation Between Unemployment and the Rate of Change of Money Wage Rates in the United Kingdom, 1861-1957," *Economica*, vol. 25, no. 100 (November 1958)

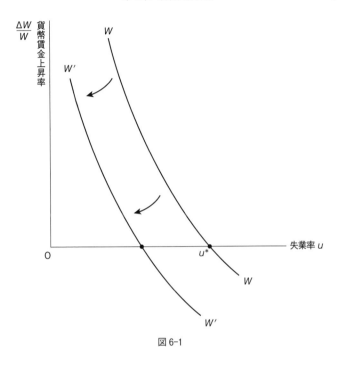

図6-1

$$\Delta W/W = -\lambda(u - u^*) \qquad \lambda > 0$$

　フィリップス曲線にみられるように，現実に貨幣賃金上昇率と失業率をともにゼロにはできないので，両者をせめて許容範囲以内におさめる，具体的には，WW を $W'W'$ の方向へシフトさせる政策が必要である。ガイドポスト政策とは，まさにこれを狙っていたのである[9]。のちには，縦軸に貨幣賃金上昇率ではなくインフレ率を

　9．Paul A. Samuelson and Robert M. Solow, "Analytical Aspects of Anti-Inflation Policy," *American Economic Review*, vol. 50, no. 2 (May 1960)

測ったフィリップス曲線が多用されるようになったので，以下では，それに従うことにしよう。

　ヘラーが自画自賛したように，新古典派総合は，ケネディおよびジョンソンの民主党政権の下で，ある時期までは，失業率の低下，経済成長率の上昇，物価の安定など，見事な成功をおさめたといってもよいだろう。だが，ジョンソン政権がベトナム戦争の泥沼にはまってしまってから，好調だったアメリカ経済も次第にインフレの昂進という新たな問題を抱えるようになった。もっとも，ヘラーは，大統領経済諮問委員会は，総需要が過大になる兆候が見えたとき，ジョンソン大統領に増税を勧告したものの受け容れられなかったことがのちの苦境の元だったと反論しているが，ひとたび「インフレ期待」に取りつかれると，先に触れた安定的なフィリップス曲線の経験的妥当性が疑問視されるようになった。

　そして，インフレの昂進を背景に登場したのが，ミルトン・フリードマン（Milton Friedman）のフィリップス曲線批判と「自然失業率仮説」である[10]。新古典派総合も，ここに来て，守勢に立たされるようになったのである。

3　追い詰められる新古典派総合

　フリードマンは，インフレの昂進を背景に，インフレ期待を巧みに織り込み，アメリカのケインジアン（その大多数は，新古典派総合の影響下にあった）が依拠したフィリップス曲線を批判していく（図6-2参照）。

　この図をみると，期待インフレ率（0％，3％，6％）に応じて短

---

10. Milton Friedman, "The Role of Monetary Policy," *American Economic Review*, vol. 59, no. 1 (March 1968)

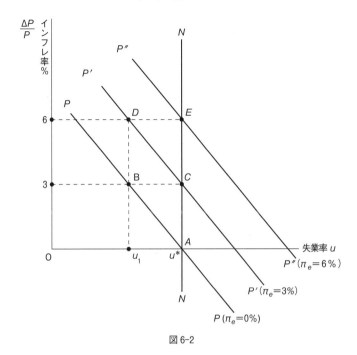

図6-2

<u>期的な</u>フィリップス曲線が三本描かれていることがわかる（視覚的に明確にするために，PP，$P'P'$，$P''P''$というように直線で表現してある）。

　点Aの自然失業率のところから議論を始めよう。点Aには期待インフレ率0％（ということは，人々が物価は安定していると予想していること）の短期フィリップス曲線PPが通っている。ここから，政策当局が失業率を自然失業率よりも低いu_1にまで下げようとして，総需要拡大政策をとったとする。この場合は，短期フィリップス曲線PPに沿って，点Aから点Bへと移行することができる。ところが，点Bでは現実のインフレ率が3％になっているので，やがて

人々はその事実に気づき，期待を修正するだろう。もし人々が3％のインフレ率を期待に織り込むようになれば，経済は点Bから点Cへと移行する。

　だが，点Cからさらにu_1の失業率を達成しようとして，当局が拡大政策をとったとすれば，短期フィリップス曲線$P'P'$に沿って点Cから点Dへと移行することができる。ところが，点Dでは，現実のインフレ率が6％なので，やがてまた人々はその事実に気づき，期待を修正するだろう。もし人々が6％のインフレ率を期待に織り込むようになれば，経済は点Dから点Eへと移行する。

　フリードマンは，以上のように議論を進めて，右下がりのフィリップス曲線は一時的にみられるだけで，長期的には，フィリップス曲線は自然失業率u^*を通る垂直線NNとなると主張するのである。これを「自然失業率仮説」と呼んでいる。フリードマンの論法に従えば，失業率を自然失業率以下に引き下げようとする試みはすべて加速的なインフレを招くだけだということになるが，もちろん，彼の真意は，そのような無謀なことを試みたのがアメリカのケインジアンだということにある[11]。

　では，フリードマンはインフレを抑えるにはどうすればよいかと考えたのか。それは，いまの教科書では，「マネタリズム」と呼ばれているが，簡単にいえば，古典派の貨幣数量説の現代版である[12]。「現代版」だけにモデルは少し複雑になっているのだが，基本的な思考法は同じである。すなわち，貨幣量の変化は，短期的には，産出量や雇用量に影響を及ぼすが，長期的には，産出量は自然失業率に対応した水準に決まるので，すべて物価の変化となって現れる。それゆえ，インフレは貨幣量を実質経済成長率と歩調を合わせて増加させる（いわゆる「k％ルール」）だけで抑えることができる，とい

うのである。

　フリードマンのインフレ対策は，ケインジアンが提唱するような
財政金融政策による総需要抑制もガイドポスト政策も必要ないとい
う意味で，ほとんど政府干渉のない「自由放任」（レッセ゠フェール）
に近い経済哲学とも通底している。

　だが，マネタリズムの実験の結果は，必ずしもフリードマンの考
えの正しさを実証はしなかった。すなわち，カーター民主党政権の
末期である1979年10月，ポール・ヴォルカーが連邦準備制度理事
会FRB議長になり，マネー・サプライを重視した金融政策を採用
したのだが，とくに1981年のレーガン共和党政権の誕生以降明ら
かになったのは，マネー・サプライの伸び率を厳格にコントロール
しようとした結果，金利がきわめて高くなり，産出量や雇用量が大

　11.　フリードマンのあと，ロバート・ルーカス（Robert E. Lucas, Jr.）は，さ
　　　らに「合理的期待性仮説」を用いながら，フィリップス曲線は短期的にも
　　　垂直になると主張した。すなわち，点Aからu_1という失業率を達成しよ
　　　うとして当局が拡大政策をとったとしても，人々が「合理的に」期待を形
　　　成する（ここでは，3％の物価上昇を正確に予想する）ならば，経済は点
　　　Aからただちに点Cへと移行するので，拡大政策の効果はないというので
　　　ある。
　　　　ケインズ政策の「無効」を宣言したルーカスの主張は，経済学界に大き
　　　なショックを与え，当初は「合理的期待革命」として喧伝されたが，今日
　　　では，彼の真意は，合理的期待形成仮説それ自体というよりも，マクロ経
　　　済学のミクロ的基礎を徹底して追究する方法論を確立することにあったと
　　　いうべきだろう。cf., Robert E. Lucas, Jr., "Nobel lecture: Monetary Neu-
　　　trality." *Journal of Political Economy*, vol. 104（August 1996）
　　　　ルーカスの経済分析は，フリードマンのモデルよりもさらに数学的に精
　　　緻になっているが，経済思想の面では，フリードマンが築いた現代シカゴ
　　　学派に連なっていると言ってよい。拙著『市場主義のたそがれ──新自由
　　　主義の光と影』（中公新書，2009年）参照。
　12.　M・フリードマン『インフレーションと失業』保坂直達訳（マグロウヒル
　　　好学社，1978年）参照。

きなマイナスの影響を被ったことである。

　失業率が 10％近くになって初めてインフレが鎮静化したということは，マネタリズムに忠実に解釈すれば，10％近い失業率が「自然失業率」なのだというほかないが，巷に失業者があふれているにもかかわらず，そのような解釈を提出しても容易に社会的合意が得られそうもない。他方，高金利は為替相場をドル高に導き，貿易収支も赤字になった。その上，レーガン政権は，当初，大減税と軍備拡張という財政政策を採ったので，連邦政府の赤字も増大した。いわゆる「双子の赤字」の原型である。

　だが，1980 年代前半にマネタリズムが全盛時代を迎えたのは，当時の経済思潮が大きく「反ケインズ」の方向に向いていたことと無関係には語れない。レーガン政権の経済政策に大きな影響を及ぼした「供給重視の経済学」（Supple-side Economics）の流行も，そのような「反ケインズ」の思潮がもたらしたのである。

　供給重視の経済学の主唱者たちによれば，減税を通じて働く者の勤労意欲や貯蓄意欲を引き出すならば，長期的には生産性や経済成長の上昇率を高めるので，最後には税収も増えるということだった。彼らは，アメリカのケインジアンが総需要管理によって経済を短期的に「微調整」しようとしたことに異議を唱え，むしろ経済の供給面を長期的に刷新することがアメリカ経済の再生につながると主張した。その考え方はレーガン政権の大減税策には都合よく利用されたが，それによって経済の供給面が飛躍的に向上したわけではなく，ただ巨額な連邦政府の赤字を残しただけに終わった[13]。

　経済の供給面を補強することが経済の再生につながるという背後

---

13. W・カールビブン『誰がケインズを殺したか——物語・経済学』斎藤精一郎訳（日本経済新聞社，1990 年）参照。

には，やはり古くからある「供給はそれみずからの需要を創り出す」というセイの法則と類似の思想が流れているとみるべきだろう。その意味でも，供給重視の経済学は，古典派あるいは「反ケインズ」の経済思想の一つであったと言ってもよい。

さらにもう一つ，「反ケインズ」の経済思想を挙げるとすれば，ケインズ政策が「赤字漬けの民主主義」の元凶であることを痛烈に批判したジェームズ・ブキャナンたちの研究グループだろう（彼らの主張は，のちに政治過程の経済分析を目指す「公共選択論」へと発展していった）[14]。

アメリカのケインジアンは，不況が深刻なときは，財政赤字を意図的につくってでも政府が財政支出によって総需要を支えるべきだと主張した。だが，ケインジアンも，やみくもに財政出動を要請したのではなく，景気が過熱する兆候が表れたならば，逆に財政支出を削減し，財政黒字によってインフレを避けるべきだと考えていた。

だが，ブキャナンたちは，それは民主政治の下では政治的に不可能だと反論した。なぜなら，減税であれば有権者の支持を集めやすい反面，増税はつねに嫌われる政策だからである。それゆえ，事態を放置すれば，財政赤字が累積していくだろう。このような傾向は，実際に，多くの先進国でみられるようになった。では，どうすればよいのか。ここでも，ブキャナンたちは，古典派の原則であった均衡財政に戻るべきだと主張するのである。

ブキャナンたちは，諸悪の根源をケインズの「ハーヴェイ・ロードの前提」に求めている。その前提によれば，経済政策は「公共の利益」を熟知したごく一握りの知的エリートによって作成されるは

---

14. J・M・ブキャナン，J・バートン，R・E・ワーグナー『ケインズ財政の破綻』水野正一，亀井敬之訳（日本経済新聞社，1979年）参照。

ずだった。ところが，民主政治の下では政治家や官僚は権力の保持や奪取のために集団的な圧力に屈しやすくなるので，ケインズの目論見通りにはいかないというのである。

　かくして，ケネディ政権からジョンソン政権の初期まで黄金時代を迎えた新古典派総合は，マネタリズム，供給重視の経済学，そして公共選択論と次々に「反ケインズ」を看板にした経済思想の台頭によって，レーガン政権が誕生する頃には，ほとんど瓦解してしまった。象徴的な表現を使えば，サムエルソン『経済学』の時代は終わったのである。

第7章

アメリカのポスト・ケインズ派経済学

　ポスト・ケインズ派経済学は，もともと，ケインズの弟子筋だった J・ロビンソン，R・カーン，N・カルドアなどが開拓したものだが，その他，カレツキやスラッファなどの影響も加わり，新古典派のような「体系性」にはやや欠ける「異端の経済学」である。

　アメリカでは，第6章で述べたように，長いあいだ，サムエルソンの新古典派総合が覇権を握っていたので，主要な大学に「ポスト・ケインジアン」を自称する経済学者はほとんどいなかった。だが，全くいなかったわけではない。アメリカにも，少数ながら，ケインズと新古典派を「総合」ならぬ「折衷」したに過ぎないサムエルソンの構想に満足できず，イギリスのポスト・ケインズ派から学びながらも，それを独自の方法で発展させようとしたポスト・ケインジアンがいた。この章では，彼らの仕事をいくつか紹介することにしよう[1]。

1　「古典的ケインズ主義」批判

　アメリカのポスト・ケインジアンも，45度線モデルや IS/LM に

　1．ポスト・ケインズ派経済学の歴史については，次の文献が参考になる。
　　J. E. King, *A History of Post Keynesian Economics since 1936*, Edward Elgar, 2003.

代表されるケインズ経済学に批判的だったが，ペンシルヴァニア大学に長年奉職し，幾多の有能なポスト・ケインジアンを育てたシドニー・ワイントラウプ（Sidney Weintraub）は，これをまとめて「古典的ケインズ主義」と呼んだ。彼はなぜ「古典的ケインズ主義」に満足できなかったのか，その理由をまとめてみよう[2]。

　ワイントラウプによれば，45度線モデルには六つの欠陥がある。第一に，それは資本主義経済が不安定であるとは認めているものの，その不安定性が失業かインフレとなって現れ，いずれも財政政策によって容易に除去しうると考えられていること（デフレ・ギャップとインフレ・ギャップの概念を思い出せばわかりやすい）。ということは，それは，インフレと失業が同時に現れるような状況を分析できないということである。

　第二は，物価水準一定が仮定されているモデルであるにもかかわらず，それを用いてインフレの議論をしていること。ところが，ケインズは，『一般理論』第20章「物価の理論」において，物価や貨幣賃金の変化について詳細に論じていた。

　第三は，投資決定における「血気」（animal spirits）の役割が無視されていること。ところが，ケインズは，『一般理論』第12章「長期期待の状態」において，不確実な状況の下で行われる投資が，「数学的期待値」よりも「不活動よりもむしろ活動を欲する自生的衝動」としての血気に依存していることを強調していたはずだった。

　第四は，貨幣数量一定が仮定されていること。ところが，ケインズは，産出量と雇用量の増加につれて貨幣数量が一定にとどまると

2．Cf., Sidney Weintraub, *Keynes and the Keynesian Detours in Capitalism's Inflation and Unemployment Crisis*, Addison-Wesley Publishing Company, 1978, pp. 194-215.

は考えていなかった。ポスト・ケインズ派の用語では，ケインズは
貨幣供給のある程度の内部性を認識していたということである。

　第五は，所得分配の側面が無視されていること。この点は，たし
かに，ケインズも明示的にモデルに組み込まなかったので，彼にも
責任があるが，のちにカルドアや J・ロビンソンが補完的なアイデ
アを提示した。

　第六は，マクロ理論のミクロ的基礎付けが欠落していたこと。
『一般理論』にミクロ的基礎が全くないという見解には異論もある
だろうが，たしかに，45 度線モデルにないというのは当たっている。

　第三から第六の批判は，そのまま IS/LM にも当てはまるもので
ある。アメリカのケインジアンは，第 6 章で述べたように，貨幣賃
金や物価水準の変化を明示的に導入するために，フィリップス曲線
を利用した。これをワイントラウプは次のように定式化している
（w は貨幣賃金率，U は失業率を指している）。

$$\frac{\Delta w}{w} = w(U), \quad \frac{\Delta\left(\dfrac{\Delta w}{w}\right)}{\Delta U} < 0$$

　さて，まず，IS/LM によって実質産出量 Q が決まるならば，$N =
N(Q)$ によって雇用量 N を求めることができる。次に失業率を計算
し，それとフィリップス曲線によって，「正常の」貨幣賃金上昇率
$\Delta w/w$ がわかる。最後に，Δw と ΔP をリンクさせる方程式によっ
て，Q, N, U と結びついたインフレ率を求めることができる。ワ
イントラウプは，これを「フィリップス曲線ケインズ主義」と呼ん
でいる。

　だが，フリードマンのフィリップス曲線批判のところでみたよう

に，インフレ期待が蔓延するようになると，フィリップス曲線の安定的な関係が崩れてしまうばかりでなく，1960年代終わり頃からさらに，より高い失業率とより高い貨幣賃金上昇率が併存するようになった。アメリカのケインジアンは，それをフィリップス曲線の「シフト」と呼んで辻褄を合わせようとしたが，ワイントラウプは，そのような説明を「アドホック」かつ「事後的な合理化」として退けている。

　それゆえ，ワイントラウプは，インフレとそれに関連する問題をもっと明快で簡潔に解明するモデルが必要だとして，新たなモデルを提示しようとする。それが，次の節で紹介する WCM（Wage-Cost Mark-Up）理論である。

2　WCM 理論

　ワイントラウプの WCM 理論の基礎には，カレツキの価格設定論，とくに主に「費用によって決まる」価格モデルがある。もっとも，カレツキが，それを製造工業に典型的な価格設定と見なしているのに対して，ワイントラウプは，それを経済全体に適用してモデルを組んでいるという違いはある。だが，そのような違いは本質的なものではなく，以下のモデルをみれば，WCM 理論がポスト・ケインジアンの仕事だということがすぐにわかるだろう。

　WCM 理論は，次のような自明の理から出発する。

$$Y = PQ = kwN \tag{1}$$

　ここで，Y は国民所得，P は物価水準，Q は実質産出量，k は単位労働費用 w/A（$A = Q/N = $平均生産性）に対する平均マーク・

アップ，w は平均名目賃金，N は雇用量を指している。(1)式を変
形すると，次の式を得る。

$$P = \frac{kwN}{Q} = k\frac{w}{A} \tag{2}$$

　ところが，ワイントラウプによれば，k は実証研究からきわめて
安定的なので，インフレ問題の鍵は w と A が握っていることになる。
すなわち，インフレの原因は，生産性上昇率を超える貨幣賃金上昇
率にあるのだ（逆に，デフレであれば，生産性上昇率に貨幣賃金上昇率
が追いついていないのが原因である，ということだ）。

　(1)式は次のように書き換えることもできる。

$$\frac{W}{Y} = \frac{wN}{PQ} = \frac{w/A}{P} = \frac{1}{k} \tag{3}$$

　ここで，$W = wN =$ 賃金支払額なので，この式は，労働分配率が
k の逆数に等しいことを示している。もし k が安定的であれば，賃
金分配率も安定的となる。

　ところで，物価水準がどうなるかは貨幣賃金と労働生産性の関係
と大いに関係があることは，ポスト・ケインズ派の共通認識だと
言ってよいが，J・ロビンソンに倣っていえば，それはケインズが
重視した視点でもある。彼女が次のように言っていたことを想起し
なければならない[3]。

　3．ジョーン・ロビンソン，ジョン・イートウェル『現代経済学』宇沢弘文訳
　　（岩波書店，1976 年）68 ページ。

「ケインズ革命のもっとも重要な点は，近代的な産業経済では，技術発展のどの局面についても，一般的な価格水準は主として貨幣賃金率の水準に依存して決まるということを認識したことだったといってもよいであろう。」

　ワイントラウプは，J・ロビンソンとほぼ同じことを，現代経済が「労働を雇用する生産システム」として機能しているというふうに表現している[4]。留意すべきは，このような経済では，金融当局は物価水準に対して間接的な影響しか及ぼすことはできないことである。例えば，金融の引き締め→産出量と雇用量の減少→貨幣賃金の伸び率の鈍化→物価水準の上昇へのブレーキ，というようなルートである。だが，ワイントラウプは，その間接的な影響も，金融の引き締め→投資の減少→機械化のスローダウンによる生産性の伸び悩み→物価水準が期待されたほど下がらない，というように限定的なものにならざるを得ないという。

　それゆえ，インフレ問題を解決するには，貨幣賃金上昇率を生産性上昇率の範囲内に抑えるための政策を考案するという基本に立ち戻らなければならない。そのような政策は，ふつう「所得政策」と呼ばれているが，ワイントラウプは，所得政策が成功するには，同時にその政策がうまく働くようなインセンティヴを考案すべきだと考えた。そして，提案されたのが，TIP（Tax-based Incomes Policy）である[5]。

　4．Sidny Weintraub, *Keynes, Keynesians and Monetarists,* University of Pennsylvania Press, 1978, p. 170.

　5．Sidney Weintraub, "An Incomes Policy to Stop Inflation," *Lloyds Bank Review,* no. 99（January 1971）

　所得政策は，ケネディ政権下のアメリカでも，「ガイドポスト」という名前で提唱されていたことを覚えている読者もいるかもしれない。だが，先進諸国の所得政策の歴史を振り返ると，著しい成果を上げたとは言いにくい。ワイントラウプは，そこで，所得政策がうまく働くために「課税」を利用しようというのである。

　いま，貨幣賃金上昇率の目標値が5％だったとしよう。だが，単なる「目標値」であるとすれば，それを忠実に守る企業もあれば，全く考慮しない企業もあるかもしれない。そこで，ワイントラウプは，それを守るインセンティヴが働くように，目標値を超える貨幣賃金上昇率を許した企業には余分の法人税をペナルティとして課し，目標値をきちんと守った企業には法人税の一部を免除するアイデアを思いついた。いわゆる「アメとムチ」の政策である。

　もし5％の目標値を守らない企業が増えたら，ムチとして法人税率が自動的にアップするので，購買力を吸収し，インフレ圧力を抑える効果が働く。その意味で，ワイントラウプは，TIP を "built-in anti-inflationary fiscal policy"（ビルトインされた反インフレ的財政政策）であると表現している。

　TIP の導入に必要なのは，企業がフルタイムの雇用者の数と賃金・給料支払額を毎年報告することだけである。前者で後者を割れば，平均雇用者報酬が求まるので，これを毎年，前年のものと比較すればよい。その他は何も新しい政府干渉が増えるわけでなく，ただ税構造が影響を受けるのみである。

　ワイントラウプは，従来の所得政策が失敗したのは，それが人々によって守られるようなインセンティヴが働いていなかったからだと考えた。TIP はそのためのインセンティヴを与えるために考案されたが，複雑な手続きが不要なので，「市場経済の伝統とそのより

大きな自由」とも矛盾しないと主張している[6]。

　TIP は，ポスト・ケインジアンとしてのワイントラウプが考案した政策だが，新古典派総合の立場に立つアメリカのケインジアンの一部（例えば，ジェームズ・トービン）によっても支持された。所得政策はインフレ問題が深刻であった時代の「遺物」ではないかという意見もあるかもしれない。だが，反対にデフレ問題であっても，ポスト・ケインジアンなら貨幣賃金率の伸び悩みとその原因などを探ろうとするので，中央銀行による量的緩和政策でデフレが解決されるという「マネタリー」な処方箋は受け容れないだろう。その意味で，ワイントラウプの理論と政策を知っていることは，決して無駄ではないと思われる。

3　ケインズ的「貨幣的経済理論」の継承

　アメリカにも，多数派ではないものの，ケインズの「貨幣的経済理論」を継承するという明確な目的意識をもって研究していたポスト・ケインジアンは存在している。ペンシルヴァニア大学でワイントラウプに学んだポール・デヴィドソン（Paul Davidson）は，一貫してそのテーマを追及してきた経済学者である。

　デヴィドソンの若い頃の仕事に，ケインズの「金融動機（finance motive）」（計画された投資の増大をまかなうための新たな貨幣需要のこと）の意味を再考した優れた論文「ケインズの金融動機」（1965 年）がある[7]。デヴィドソンが金融動機に注目するのは，それによってIS/LM の問題点を指摘すると同時に，ケインズが「事前的な資金

　6．*Ibid.*, p. 12.
　7．ポール・デヴィドソン「ケインズの金融動機」（1965 年），花輪俊哉監修
　　　『ケインズ経済学の再評価』（東洋経済新報社，1980 年）所収。

需要の増大が銀行組織に与える影響を緩和する理想的な制度」[8] と
呼んだ「当座貸越制度」の意義を強調するためである。

　デヴィドソンは，まず，IS関数を再定式化する。消費関数を $C = a_1 + b_1 Y$（a_1 は定数で $\geqq 0$，b_1 は限界消費性向，Y は産出量），投資関数を $I = a_2 - b_2 i$（a_2，b_2 は定数，i は利子率）とおくと，それらを $Y = C + I$ に代入して整理することによって次の式を得る。

$$Y = \left(\frac{1}{1 - b_1}\right)(a_1 + a_2 - b_2 i) \tag{4}$$

　次に，LM関数は，次のように導出される。取引動機に基づく貨幣需要を，単に Y の関数とおくのではなく，<u>計画された</u>支出としての $C + I$ の関数として捉える（この点に金融動機が明確に導入されていることがわかるだろう）。すなわち，

$$L_t = \alpha C + \beta I \qquad 0 \leqq \alpha \leqq 1, \ 0 \leqq \beta \leqq 1$$

　この式に，先ほどの消費関数 C と投資関数 I を代入して整理すると，

$$L_t = \alpha a_1 + \beta a_2 + \alpha b_1 Y - \beta b_2 i$$

となるが，これに特定化されていない予備的動機および投機的動機に基づく貨幣需要の部分 σ（定数）を加えたものが総貨幣需要 L と

8．J. M. Keynes, "The ex-ante theory of the rate of interest," *Economic Journal*, December 1937.

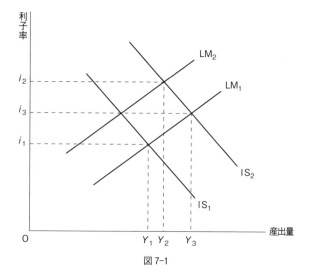

図 7-1

なる。σを一定としたのは，デヴィドソンによれば，ここでの関心が金融動機つまり取引動機関数のシフトの含意を明らかにすることだからである。すなわち，

$$L = \alpha a_1 + \beta a_2 + \alpha b_1 Y - \beta b_2 i + \sigma$$

他方，総貨幣供給量が外生的に一定（$\overline{m}$）だから，貨幣需給を均等にさせる LM 関数を求めると次のようになる。

$$i = \frac{a_2}{b_2} + \left(\frac{\alpha}{\beta b_2}\right)(a_1 + b_1 Y) - \frac{1}{\beta b_2}\overline{m} + \frac{1}{\beta b_2}\sigma \qquad (5)$$

(4)式と(5)式が，デヴィドソンによって再定式化された IS/LM

関数である。これを用いると，通説とは異なった結論が引き出される（図 7-1 を参照）。すなわち，投資誘因が増大すると（a_2 の増大），(4)式より a_2 の変化額に $1/(1 - b_1)$ を乗じた額だけ Y は増大する（IS_1 から IS_2 へのシフト）。だが同時に，(5)式により a_2 の変化額に $1/b_2$ を乗じた分だけ i は上昇する（LM_1 から LM_2 へのシフト）。通説は，IS 曲線がシフトしても LM 曲線は不変にとどまると想定しているが，金融動機を考慮すると，通説が必ずしもケインズの意図に忠実ではないことが明らかになった。

　デヴィドソンは，このような結論を得て初めて，ケインズが当座貸越制度の意義を評価していたことを明確に理解できるようになるという。なぜなら，利潤予想が好転して IS_1 から IS_2 への外側へのシフトが生じると，追加的な投資計画をまかなうための貨幣需要が増大するわけだが，もしこれが当座貸越制度によって供給されるならば，LM 曲線は不変にとどまり，産出量と利子率の均衡水準は Y_3 と i_3 において決まるからである。

　デヴィドソンが以上のような見解を発表した頃は，サムエルソンの新古典派総合の全盛期で，「金融動機」に注目した彼の解釈も「異端」の烙印を押される可能性が十分にあったが，たまたまペンシルヴァニア大学を訪問したハロッドが注目した縁で，*Oxford Economic Papers*（March 1965）に掲載されたのではないかと推測される。

　デヴィドソンは，ポスト・ケインズ派のスポークスマン的な立場でいろいろな啓蒙書も書いているので，のちにこの学派のまとめをするときに再び登場してもらうことにして，次に，リーマンショックという金融危機のとき，その「金融不安定性仮説」がにわかに再評価されたハイマン・ミンスキー（Hyman P. Minsky）を取り上げ

たい。

　ミンスキーが注目されたのは，『一般理論』のケインズやアメリカのケインジアンが等閑視していた企業の「債務構造」にメスを入れたからである。彼は，まだ新古典派総合の影響が強かった1975年，ユニークなケインズ解釈を提示したが，これは単なるケインズ解釈を超えて，ミンスキー独自の視点を打ち出した名著であった[9]。

　ミンスキーの主張は次のとおりである。資金の借り手である企業は，金融債務から生じる元本の返済および利子の支払い（債務返済のキャッシュ・フロー）と，生産活動から生じると期待されるキャッシュ・フローをつねに比較しながら行動する。だが，ケインズが株式市場を例に不確実な状況下の大衆心理の不安定性について論じたように，「生産構造と金融機関の債務構造」の基盤はきわめて脆弱である。金融問題をケインズの意味での不確実性と関連づけている点で，ミンスキーは紛れもないポスト・ケインジアンであると言ってよい。だが，彼はさらに進んで，次のように論じている[10]。

　「この債務構造は明らかに習慣，あるいは流行と言ってよいものの所産である。資金の貸借がおこなわれる経済において，生産や市場開発への工夫が注がれるのと全く同様に金融革新の開発，導入に心血が注がれる。金融は「現在の状況が無限に続く」（『一般理論』原著152頁）という仮定にしばしば立脚している。しかし，もちろんこの仮定は正しくないことが判明する。ブーム期はキャピタル・ゲインおよび資産価値の上昇を伴う好況の状態である。

9．Hyman P. Minsky, John Maynard Keynes, 1975. 堀内昭義訳『ケインズ理論とは何か』（岩波書店，1988年）

10．同前，堀内訳『ケインズ理論とは何か』，202-203ページ。下線は引用者。

負債デフレ論と景気沈滞期にも，現在の状況が続くという同じ常
套的な仮定が置かれる。つまり，負債は災厄につながるから，借
入れは避けなければならないというのが支配的な考え方となる。
景気回復が完全雇用に近づくにつれて，その状況の下での人々の
ムードは，景気循環はこの地上から消滅し，恒久的な繁栄の新し
い時代が始まったのだという具合になる。新しい政策手段——そ
れが中央銀行による金融政策であろうと，財政政策であろうと
——が経済学者によって提言される非常に洗練された政策と相
俟って，経済危機および負債デフレが今や過去の遺物であると受
け合うので，借入れが積極的におこなわれる。しかし，真実がど
うかと言えば，ブームも，負債デフレも，景気沈滞も，そして言
うまでもなく景気回復や完全雇用成長も，無限には続かないとい
うことなのである。どの経済状態も，それ自身を破壊する力を育
むのである。」

　ここに出てくる「債務デフレ」については，アーヴィング・
フィッシャー（Irving Fisher）の論文が有名だが[11]，それは，以下の
ようにまとめられる。すなわち，過剰債務→債務の清算と投げ売り
→預金通貨の減少と貨幣の流通速度の低下→物価水準の下落→企業
の純資産のさらに大きな減少と破産→利潤の減少→企業の生産・販
売・雇用の削減→悲観論と自信の喪失→買い控えとよりいっそうの
貨幣の流通速度の低下→利子率の攪乱（名目利子率の低下と実質利子
率の上昇），というように[12]。

---

11. Irving Fisher, "The Debt-Deflation of Great Depressions," *Econometrica*,
　　vol. 4（October 1933）
12. *Ibid*., pp. 341-342.

　ミンスキーは，こうして，ケインズ的なアイデアにフィッシャーの負債デフレ論などをうまく採り入れて，「金融不安定性仮説」を構築していった。その仮説によれば，資金の借り手としての企業の金融ポジションは，企業の金融債務から生じる元本の返済＋利子の支払い（「債務返済のキャッシュ・フロー」）と，企業の生産活動から生じると期待されるキャッシュ・フローを比較し，後者が前者よりも大きいと見なされるかどうかに応じて，健全性の順に「ヘッジ金融」（通常のキャッシュ・フローで元本の返済と利子の支払いができる資金繰り），「投機的金融」（元本の返済は不可能だが，利子は支払える資金繰り），「ポンツィ金融」（利子さえも支払えない資金繰り）の三つに分けられる。そして，好況から不況への景気の波は，金融ポジションがヘッジ金融から投機的金融を経てポンツィ金融への移行に対応し，ついには「ミンスキー・モーメント」と呼ばれる金融危機が訪れるという[13]。

　債務デフレ論を何らかの形で利用する経済学者は，その対策としてリフレ政策を提唱する方向に進みがちだが（一部にはポスト・ケインジアンもいる），ミンスキーは，そうではなく，もっと根本的に「民間企業の債務構造の規制」が必要であると主張している。これは左派ケインジアンに近い立場と言ってもよいかもしれない。

　ミンスキーの金融不安性仮説は，長いあいだ，アメリカでは「異端」の経済理論だったが，リーマンショック（2008年9月）時ににわかに再評価され，「ミンスキー・モーメント」という言葉も有名な経済誌に登場するようになった。ポール・クルーグマン（Paul Krugman）のようなノーベル経済学賞受賞者までもミンスキー理論

---

13. ミンスキー理論については，服部茂幸『危機・不安定性・資本主義——ハイマン・ミンスキーの経済学』（ミネルヴァ書房，2012年）を参照のこと。

を高く評価したので，もっと学界にも普及していくことが期待されたが，残念ながら，主流派の経済学教育にはほとんど影響を与えていないように思われる。いまだに，「異端の経済学」と言ってもよいだろう。

補論　ポスト・ケインズ派の特徴とは何か

デヴィドソンもミンスキーも，アメリカのポスト・ケインジアンとして貨幣経済論の分野で活躍したのだが，他にも「ポスト・ケインジアン」を名乗るポスト・ケインズ派は少なからずいる。だが，彼らの思考法は一枚岩ではないので，単純な図式化を許さない。しかし，ポスト・ケインズ派とは何かを簡潔にまとめたデヴィドソンの試みは十分に参照に値するので，それを紹介したい[14]。

デヴィドソンによるポスト・ケインズ派経済学の特徴づけは，大きく分けて，(1)「歴史的時間における不確実性の重視」と (2)「制度の重視」の二つにまとめられるだろう。

(1) は，J・ロビンソンのようなイギリスのポスト・ケインズ派経済学の先駆者の特徴であったが，彼女とアメリカのポスト・ケインジアンのあいだには当然ながら知的交流があり，相互に刺激を与え合ったものと思われる[15]。(1) を挙げているデヴィドソンが，J・ロビンソンによるケインズ解釈を基本的に承認していることは容易に予想がつくが，デヴィドソンは貨幣経済論が専門なだけに，それを「流動性」の役割と結びつけて次のように強調している[16]。

14.　ポール・デヴィドソン「ポスト・ケインジアンの経済学──経済理論の危機を解消」，D・ベル，I・クリストル編『新しい経済学を求めて』中村達也・柿原和夫訳（日本経済新聞社，1985 年）所収。

15.　Marjorie S. Turner, *Joan Robinson and the Americans*, Routledge, 1989.

　「ポスト・ケインジアンの分析では，もし意思決定者が将来につ
いて確信がもてず，その企業家としての探究においても臆病なら
ば，考えうる誤った支出決定に対して，現金や他の金融資産に
よって流動性ポジションを維持することでみずからを守ろうとす
る。流動性を維持し，かくして，不測の事態が生じた場合の将来
の不愉快なサプライズを避けようとする欲求は，重大な焦点とな
るのである。それに対して，新古典派のモデルにおいては，将来
における不測の嘆かわしい状況からみずからを守るための貨幣ま
たは流動性に対する長期的必要は決してあり得ない。なぜなら，
不測の状況などないだろうから。」

　デヴィドソンは，1970 年代の終わりから 80 年代にかけて経済学
界を席巻した「合理的期待革命」の動きをよく観察していたのだろ
う。合理的期待形成仮説が現実には当てはまらないと確信していた
彼は，対照的に，理論は現実的な仮定から出発すべきだというケイ
ンズ以来の伝統を踏襲すべきだと主張している[17]。

　（2）は，端的にいえば，「制度の具体的形態が最終的結果（つまり
一般均衡の位置）にまったく影響しえない」という一般均衡理論家

16. Paul Davidson, *Controversies in Post Keynesian Economics*, Edward Elgar, 1991, p. 42.

17. Paul Davidson, "Rational Expectations: a Fallacious Foundations for Studying Crucial Decision Making(1982-83)," in *Inflation, Open Economies and Resources*, edited by Louise Davidson, Macmillan, 1991, pp. 123-138.

18. ポール・デヴィドソン「ポスト・ケインジアンの経済学」，前掲，225 ページ。デヴィドソンが，一般均衡理論の集大成として挙げているのは，次の本である。Kenneth J. Arrow and F. H. Hahn, *General Competitive Analysis*, Holden Day, 1971.

の批判を意図している[18]。デヴィドソンは，何の制度的内容も含まない理論は，「公理論的論理学」に過ぎず，完璧な代わりに現実には何の役にも立たないと切り捨てている[19]。

　留意すべきは，デヴィドソンにとって「制度」とは，とりわけ「貨幣」と「先物契約」と結びついていることである。

　生産には時間がかかるので，その間に必要となる生産要素や原材料などを先物契約によって調達しておかなければ，生産過程を効率的に組織することができない。ところが，生産要素の雇用や原材料の購入のためには，企業家が手元に十分な貨幣（すなわち，流動性）を保有していなければならない。それゆえ，デヴィドソンは，「生産活動を組織するために貨幣表示の先物契約が結ばれる世界で初めて貨幣が意味を持つ」と言っている[20]。

　デヴィドソンは，私たちの経済社会のなかで最も普遍的な先物契約とは何かを問いかけ，その問いに対して，それは「貨幣賃金を取り決めた労働契約」に他ならないと答えている。そして，貨幣賃金表示での労働契約条件が先にあるという事実が，生産物が完成されたときに設定される価格が貨幣賃金と労働生産性の関係に依存するというポスト・ケインズ派の共通認識につながっていくのである。

　さらに留意すべきは，時間のかかる生産過程が始動するには，貨幣賃金や投入物の価格が生産の懐妊期間内である程度の「粘着性」をもつことが条件となることである。なぜなら，もし生産の懐妊期間が労働雇用や原材料購入に関する先物契約の持続期間を超過し，企業家が賃金と価格を制御することができないならば，彼の債務は

　19.　ポール・デヴィドソン「ポスト・ケインジアンの経済学」，前掲，255ページ。

　20.　同前，230ページ。

きわめて不確定になるだろうから。それゆえ，デヴィドソンは，「長時間かかる生産過程が実行されるためには，暦の上で長期にわたって賃金や価格の変動を制限する"社会契約"が成立して，かなり長期の先物契約を締結できる環境が整えられなければならない」というのである[21]。ポスト・ケインジアンが何らかの形の所得政策を提唱するのはこのためである。

　もちろん，先に触れたように，ポスト・ケインジアンは多様なので，デヴィドソンによる特徴づけに当てはまらない人たちも少なくない。だが，彼の特徴づけは，それを中心に特定のポスト・ケインジアンの立場がどの辺にあるかを推測できるという意味で，一つの重要な参照点となりうるものである。

---

21. 同前，231ページ。

第 8 章

ガルブレイスの制度経済学

　ガルブレイス（John Kenneth Galbraith）は，日本でも人気の高い経済学者の一人だが，彼の経済思想は，ヴェブレン（Thorstein B. Veblen）以来のアメリカ制度学派の流れを汲んでいるという意味で，現在の経済学界ではポスト・ケインズ派と同じく異端派に分類される（本書では，ヴェブレンそのものを取り上げることはしないが，関心のある読者には，『有閑階級の理論』新版，村井章子訳，ちくま学芸文庫，2016 年，を推奨する）。

　ガルブレイスもヴェブレンを深く尊敬していたが，ヴェブレンが「辛辣な批評家」にとどまり，決して積極的に「社会改革」にかかわろうとしなかったのに対して，ガルブレイスはルーズヴェルト政権の価格統制官として活躍して以来，つねにアメリカ政治に関与し続けた実践派であった。だが，ガルブレイスのような経済学者は，突然変異のように現れたのではなく，その先駆者たちは，アメリカ制度学派の歴史のなかに確実にいたことを簡単に振り返っておきたい。

　私の念頭にあるのは，ドイツで歴史学派の経済学を学んでアメリカに帰国し，のちに「アメリカ経済学会」設立の立役者となったものの，レッセ・フェール（自由放任）哲学が優勢だった学界の主流派との抗争に敗れたリチャード・イーリー（Richard T. Ely）の野心的な試みである[1]。イーリーの目論見は敗れたが，彼の思想を受け

継ぐ者はのちに次々に現れ，アメリカ制度学派の伝統を形作ること
になった。ガルブレイスもそのような伝統のなかから出てきたので
ある[2]。

1　アメリカ経済学会設立の舞台裏

　リチャード・イーリーがドイツ歴史学派を十分に研究してアメリ
カに帰国したとき，彼の心の内にはアメリカにもドイツの社会政策
学会（もちろん，その中心的なメンバーは，ドイツ歴史学派の人々だっ
た）と類似の学会が必要であるという想いが芽生えていた。アメリ
カでは，南北戦争以後，「レッセ・フェール」を基調とする古典派
経済学の勢力が次第に優勢になっていったのだが，1873 年の経済
恐慌を転機として，自由放任主義への反省が少しずつ生まれていた
ので，イーリーはそのような思潮を的確にとらえたのである。

　イーリーが起草したアメリカ経済学会の設立趣意書（1885 年 6 月
頃）には，学会の「綱領」案が含まれていたが，そのポイントとし
て，(1) 国家の積極的援助の強調，(2) 歴史的・統計的研究の重視，
(3) 教会・国家・科学による総合的努力の必要性の強調，(4) 党派
的態度への戒め，の 4 点を挙げることができる[3]。一見して，レッ
セ・フェール学説への対抗意識は明らかだが，この視点は，もちろ
ん，イーリーがドイツ歴史学派から学んだものである。

1．イーリーによるアメリカ経済学会設立の試みについては，高哲男『現代ア
　　メリカ経済思想の起源』（名古屋大学出版会，2004 年）が必読の文献である。
2．ガルブレイス経済学全般に関する私の見解については，拙著『ガルブレイ
　　ス——異端派経済学者の肖像』（白水社，2016 年）を参照のこと。アメリ
　　カの経済思想全般にわたる概説書としては，田中敏弘『アメリカの経済思
　　想』（名古屋大学出版会，2002 年）が優れている。
3．高哲男『現代アメリカ経済思想の起源』，前掲，40-41 ページ参照。

　ところが，1885 年 9 月，学会は設立総会にまで漕ぎ着けたものの，レッセ・フェール学説の支持者による反発も強く，イーリーは，先に起草した「綱領」を若干表現を和らげた「原理の表明」に修正した上，但し書きに，それが「個々の会員を拘束すると見なされるべきではない」と書き込まざるを得なかった[4]。

　さらに留意すべきは，この問題を詳細に追究した高哲男氏が，学会設立を主導したイーリーたちも一枚岩ではなかったことを指摘していることである[5]。すなわち，イーリーは明確に「大衆の教育」や「社会改革」という目標を掲げていたが，それとは対照的に，経済問題に関心をもつ人々が自由に討論できるもっと緩やかな場としての学会を構想していた者もあったというように。そして，結局，1888 年の末には，「原理の声明」も削除されることになったのである。

　イーリーの目論見は挫折したが，しかし，彼の影響はアメリカで「制度学派」と呼ばれるようになる一団の経済学者に大きな影響を及ぼした。イーリーに学んだジョン・コモンズ（John R. Commons）は，産業関係や労使関係の分野での「調査」を重視したが，「制度」を個人行動を制御する集団行動として捉えた彼は，その考え方に沿って，アメリカの「銀行家資本主義」の弊害を除去し，「適正な資本主義」へ移行させるための様々な経済改革を提案し，のちのルーズヴェルトのニューディールにも重要な影響を及ぼした[6]。

　4．同前，72 ページ参照。高氏によれば，イーリーは，「レッセ・フェール学説」を支持した経済学者たちを「旧学派」と呼んでいたが，彼らは，当初，イーリーたちの動きに賛同せず，学会加入を敬遠していたという。

　5．高哲男「アメリカにおけるドイツ歴史学派の影響」，田中敏弘編著『アメリカ人の経済思想』（日本経済評論社，1999 年）所収，79-80 ページ参照。

　6．最近，コモンズの主著の一つが邦訳されたのは喜ばしい。『制度経済学』上・中・下，中原隆幸ほか訳（ナカニシヤ出版，2015-19 年）。

　また，イーリーというよりはヴェブレンの弟子だが，ウェズリー・ミッチェル（Wesley C. Mitchell）は，統計的データを駆使した景気循環の研究を通じて，現代の「貨幣経済」を国民の福祉を向上させるような方向に社会的に制御する道を探った（『景気循環』1913 年）。

　以上に述べたようなアメリカ制度学派の先駆者たちの足跡が確実に歴史に刻み込まれていなければ，第二次世界大戦後，ガルブレイスが異端派ながら制度経済学者として活躍する土壌もなかったに違いない。経済思想史を学ぶ意義がここにもあるのである。

2　『ゆたかな社会』と「依存効果」

　ガルブレイスの経済思想について語る前に，彼が『ゆたかな社会』（初版は 1958 年）のなかで使った「通念」（conventional wisdom）という言葉の意味を説明しておきたい。手短にいえば，通念とは，経済学界において当然のことのように見なされている基本前提のことである。ガルブレイスは，一生を通じて，経済学界における通念を痛烈に批判したが，『ゆたかな社会』において槍玉にあげたのは，「消費者主権」という基本前提である。

　消費者主権とは，簡単にいえば，何を生産するのかを究極的に決めるのは消費者であるということである。初歩的なミクロ経済学の講義では，予算線と無差別曲線が交わる点が消費者の効用を最大化させる点だと教わるが，無差別曲線には消費者の選好や嗜好が表現されていると考えられるので，それが所与ならば，どの財をどれだけ生産すればよいかはすぐにわかる。

　だが，ガルブレイスは，消費者主権はいまや「虚構」に過ぎないと看破した。現代の大企業は，各種のメディアを宣伝，広告，販売

術などに利用し，消費者の需要を操っているのが現実であると。その意味で，消費者の需要が生産する側に「依存」していることになるので，ガルブレイスはこれを「依存効果」と呼んだ。名文家の彼は，次のように書いている[7]。

　「社会がゆたかになるにつれて，欲望を満足させる過程が同時に欲望をつくり出していく程度が次第に大きくなる。これが受動的におこなわれることもある。すなわち，生産の増大に対応する消費の増大は，示唆や見栄を通じて欲望をつくり出すように作用する。高い水準が達成されるとともに期待も大きくなる。あるいはまた，生産者が積極的に，宣伝や販売術によって欲望をつくり出そうとすることもある。このようにして欲望は生産に依存するようになる。専門的な用語で表現すれば，全般的な生産水準が低い場合よりも高い場合の方が福祉はより大きい，という仮定はもはや妥当しない。どちらの場合でも同じなのかもしれない。高水準の生産は，欲望充足の程度が高いというだけのことである。欲望は欲望を満足させる過程に依存するということについて今後もふれる機会があると思うので，それを依存効果（Dependence Effect）と呼ぶのが便利であろう。」

　ガルブレイスの「依存効果」は，初版の出版当時にはまだ根強かった GDP そして経済成長至上主義の欠陥を暴露するほどの鋭い刃を隠している。生産水準が高ければ GDP も雇用量も増えるし，生産が上昇し続ければ経済成長率も高まるからよいことだというの

7．J・K・ガルブレイス『ゆたかな社会』決定版，鈴木哲太郎訳（岩波書店，2006 年）206-207 ページ。

が当時の通念だったが，ガルブレイスは，もし生産が「依存効果」によって不要不急の欲望を刺激しておこなわれているのならば，それは必ずしも国民の福祉が向上しているとは言えないのだと主張したのである。

　ガルブレイスの異端派的スタンスは，「社会的アンバランス」というもう一つの通念批判と結びつくとさらに顕著になる。通念によれば，社会において，私的な財およびサービスと公共的な財およびサービスのあいだには自然とバランスが生まれると考えられているが，ガルブレイスによれば，それは「依存効果」がない世界のお伽噺のようなものである。「依存効果」は民間部門に強力に作用するので，公共的な財およびサービスを犠牲にしてでも私的な財およびサービスが優先されるというのだ。彼は次のように言っている[8]。

　「しかし，こうした見かたはあきらかに，自立的に決定された消費欲望という観念に立脚している。この観念があてはまる社会においては，選挙権者としての消費者が公共的財貨と私的財貨との間の自立的な選択をおこなうという理論は，理屈として成り立つであろう。しかし依存効果がある以上——消費欲望を満足させる過程自体によって消費欲望がつくり出される以上——，消費者は広告と見栄の力によって影響されている。それらによって生産はそれ自身の需要をつくり出しているのだ。広告はもっぱら，見栄は主として，私的に生産される財貨とサービスに対して有利なはたらきをするので，公共的サービスは本質的におくれをとる傾向がある。自動車に対する需要は高い費用をかけて合成されるので，

8．同前，311-312ページ。

そうした影響力の及ばない公園，公衆衛生，さらには道路でさえ
も，自動車ほどには所得をまき上げる力がないのは当然である。
今や最高の発展段階に達したマスコミの力は，社会の耳目をより
多くの飲み物に向けるけれども，より多くの学校には向けない。
これでは両者の選択が平等でありえないことは，通念でさえも争
う余地がないであろう。」

　『ゆたかな社会』の初版が出版された当時，アメリカでは，たし
かに民間部門はかなり豊かになっていたが，それと比較すると公的
部門はまだ満足な状態ではなかった。というよりも，ガルブレイス
は，これほど豊かなはずのアメリカで，公的部門の「貧しさ」が際
立っているという現状認識をもっていた。それゆえ，少々「技巧
的」に過ぎる嫌いがあるものの，次のような印象に残る文章を書い
たのである。公共部門の「貧しさ」を公衆衛生の不備や今日でいう
環境問題の深刻さなどと関連づけて論じたところは秀逸であり，引
用に値する[9]。

　「この対照が明らかなことは，それについて書いてあるものを読
むまでもない。ある家族が，しゃれた色の，冷暖房装置つきの，
パワーステアリング・パワーブレーキ式の自動車でピクニックに
行くとしよう。かれらが通る都会は，塗装がわるく，ごみくずや，
朽ちた建物や，広告版や，とっくに地下に移されるべき筈の電信
柱などで，目もあてられぬ状態である。田舎へ出ると，広告のた
めに景色もみえない。（商業宣伝の広告物はアメリカ人の価値体系の

9．同前，303-304 ページ。

中で絶対の優先権をもっている。田舎の景色などという美学的な考慮は二の次である。こうした点ではアメリカ人の考えかたは首尾一貫している。）かれらは，きたない小川のほとりで，きれいに包装された食事をポータブルの冷蔵庫からとり出す。夜は公園で泊ることにするが，その公園たるや，公衆衛生と公衆道徳をおびやかすようなしろものである。くさった廃物の悪臭の中で，ナイロンのテントを張り，空気ぶとんを敷いてねようとするときに，かれらは，かれらに与えられているものが奇妙にもちぐはぐであることを漠然とながら考えるかもしれない。はたしてこれがアメリカの特質なのだろうか，と。」

かくして，ガルブレイスの『ゆたかな社会』は，1958 年という時点でアメリカ社会の「豊富のなかの貧困」を暴露し，現代の古典となったのである。

3 『新しい産業国家』と「テクノストラクチュア」

『ゆたかな社会』が 1950 年代後半の名著だとすれば，『新しい産業国家』（初版は 1967 年）は 1960 年代後半の話題作である。ガルブレイスの本は，よくジャーナリスティックに過ぎると批判めいたことを言われるが，『新しい産業国家』は，論壇ばかりでなく学界でも論争の的になったので，彼の文章スタイルのみが注目されているのではないことは間違いない。

『新しい産業国家』がターゲットにしたのは，「市場に従属する企業」という通念，あるいは，もっと端的にいえば，「完全競争モデル」である。もちろん，当時でも，スタンダードな経済学の教科書には，「完全競争」「不完全競争」「寡占」「独占」といった市場構造

が丁寧に解説されていたので，完全競争モデルのみが経済学者の関心であったわけでは決していない。だが，一般均衡理論の核心部分（例えば，位相数学を使った均衡解の存在証明）で完全競争が仮定されていたことにも表れているように，「メルクマール」としての完全競争モデルは依然として健在であった。

　だが，大部分の事業が千や二千の高度に組織化された大企業によって営まれている現代の産業社会の描写としては，完全競争モデルは全く役立たない（もちろん，農鉱業のように，そのモデルが近似的に当てはまる経済部門がないわけではないが，それが経済全体に占める割合は次第に減少しつつある）。そこで，ガルブレイスは，大企業部門を「計画化体制」と呼び，この実態を解明することを『新しい産業国家』の課題に定めたのである。

　留意すべきは，ガルブレイスのいう「計画化」が現代の技術の要請に基づいていると捉えられていることである。大企業は，製品の開発から完成に至るまで，多くの時間と資本を投入し，専門化した人的資源を組織的に活用しなければならないが，製品が完成し，市場に出されたとき，もし大量に売れ残るようなことがあれば，大きな損失を被る。そこで，そのような市場の不確実性を回避するために，大企業は「計画化」という手段を採用する。

　「計画化」のための戦略としては，「管理価格」「消費者需要の操作」「内部金融化」などがあるが，ガルブレイスが注目するのは，このような「計画化」の担い手が資本家でも単なる経営者でもなく，事実上，大企業内部の専門家集団だということである。彼はこれを「テクノストラクチュア」と名づけたが，「テクノストラクチュア」の台頭は，支配力の源泉の移行と深い関係がある。すなわち，支配力は，封建主義の時代では「土地」，資本主義の勃興から「資本」と

結びついていたが，現代は同じ資本主義でも「組織」を握った者が
支配力を手に入れるというのだ。彼らこそまさに「テクノストラク
チュア」である。ガルブレイスは次のように言っている[10]。

　「支配力は実のところ，新奇を求める人なら新しい生産要素と呼
んでもよさそうなものにすでに移行している。この新しい要素と
いうのは，現代の産業技術や計画化が必要とする多様な技術的知
識，経験ないしは他の才能をもった人びととの結合したものであ
る。それは，現代産業企業の指導者の地位から始まり，下へ下っ
ては一般労働力にいたる直前の下級の地位にまで広がっており，
非常に多数の人びとや非常に多様な才能を包摂している。たいて
いの経営学説が認めているように，現代の企業が成功するか否か
は今やかかる組織化が能率的に行われているかどうかにかかって
いるのである。もしかかる組織がひとたび解体されるか，あるい
は何らか他の理由で失われるならば，それが再びつくり上げられ
ることは容易ではない。また，新しい仕事のために組織をつくり
上げることは，困難で，費用がかさみ，時にはその成否に確かな
見込みもつかない事実でもある。かつては土地について，さらに
その後資本についてもそうであったように，支配力というものは，
入手するのが困難で，費用がかかり，さらには不確かであるよう
なものに宿るのである。したがって，現在支配力が存在している
のは，組織，すなわち組織化された諸能力なのである。」

10．J・K・ガルブレイス『新しい産業国家』ガルブレイス著作集③，都留重人
　　監訳（TBSブリタニカ，1980年），80ページ。この本は，第3版（1978
　　年）の翻訳である。

　ただし、「テクノストラクチュア」が十分な活躍の場を与えられるのは、外部（例えば、国家、株主、金融機関）からの干渉が排除されている場合に限られる。株主所有の分散は株主からの干渉を弱めるだろうが、さらに好都合なことに、会社法は法人企業に事業活動の上での「広範囲の独立性」を与えている。また、大企業における内部留保による自己金融の普及と意思決定の複雑さは、金融機関からの干渉を排除するだろう。かくして、「テクノストラクチュア」は、「高度の自主性」を確保しているのである。

　ガルブレイスは、「テクノストラクチュア」の行動の「動機づけ」にも踏み込んでいる。個人を動機づけるものは、大きく分けて、①強制、②金銭的報酬、③一体感、④適合、の四つがあるが、かつて資本家が支配力を握っていた「事業家的法人企業」から「テクノストラクチュア」が実権を握った「成熟した法人企業」への移行に伴い、個人の動機づけは①から④のほうへと移行する。支配力の源泉との関連でいえば、①は土地と、②は資本と結びついていたが、組織の台頭とともに③と④がより重要になったというのだ[11]。

　「そこで次のように結論してさしつかえあるまい。自分の目標と
　引換えに自発的に組織の目標をすぐれたものとして採用すること、
　すなわち一体感と、自分の目標に組織の目標をいっそう近づける
　ように影響を及ぼそうという期待から組織に参加すること、すな
　わち適合とは、テクノストラクチュアにおける強い誘因であり、
　その上層部ではこの力はますます強まってくる。上層部、いわゆ
　る最高経営者層になると金銭的報酬が大きくなるために、このこ

11．同前、220-221 ページ。

とがぼやかされている。大会社の上級の重役の給料はものすごく多いことがある。何よりも目に見えるものを判断の基準にしようとする人は，動機をこの高い給料と結びつけて考えようとする。

　しかし，さきに見たように，成熟した法人企業の上層部において報酬と努力とのあいだに密接な関係がないことほど確実なことは少ない。会社の中心部では報酬は大きな誘因体系の一部分にすぎず，この誘因体系は一体感と適合にも十分な場を与えるようにできているのだ。」

　ガルブレイスはさらに「テクノストラクチュア」の目標をより明確にしようとするが，それはかつての「事業家的法人企業」が目指す「利潤最大化」ではありえない。そうではなく，「テクノストラクチュア」は，自己の意思決定権力の基礎である自主性を維持するために「最低限の収益」を確保した上で，売上高を尺度とした会社の最大成長率を達成しようとする。なぜなら，成長率の最大化は，組織の維持・拡大を通じて「テクノストラクチュア」の支配力の維持・拡大につながるからである。

　「テクノストラクチュア」による「計画化」は，大企業と国家が結びつくことによって一つの管理社会を創り出す。大企業は自社の製品の価格管理を程度の差はあれおこなっているが，総需要を管理し，賃金・物価を制御するのは国家の役割である。「計画化体制」の力はいまや国家にまで及んでおり，ガルブレイスは，そうして出来上がった管理社会を「新しい産業国家」と呼んだのである。この世界が，教科書で幅を利かせていた「完全競争モデル」から遠いところにあることは明白である。

　ガルブレイスは，このように「計画化体制」の実態を彼独自の美

麗な文体で描いているが，しかし，その体制の問題点に目を瞑っているわけでは決してない。実は，『新しい産業国家』では，初版（1967年）からその体制では無視されやすい「審美的次元」という視点が指摘されていたのだが，ガルブレイスは，当初，それが社会的に受け容れられるには相当の時間がかかるだろうとふんでいたようだ。ところが，第3版（1978年）を出す頃までには，彼も「審美的次元」の重要性を自信をもって主張するようになった[12]。

　「審美的な目標は，景観よりも動力線を，自然の河川や国立公園より水力発電を，都市空間より高速道路を，自然の山々より鉱石採取を，歴史の雰囲気を残す広場より現代的なショッピング・センターを，そして地上の静寂より高速の空の旅を，それぞれに求める要求と競合する。本書の第一版（1967年）においては，審美的な考慮から計画化体制の価値に反する要求をする場合，いくらか奇をてらったり，線香花火的な勇気といったものから主張されていた。もし，計画化体制から対抗的な要求——生産や所得やコストにたいするマイナス効果——が強く主張されれば，通常の場合，それで問題は決着したのである。ところが，この問題にかんする社会的態度は他に類を見ないほど変化し，環境についての要求は今では当然のこととして主張されている。計画化体制の目標は，勇気と統制された憤りをもって提示されるけれども，もはや確信的に決定的なものではない。人びとは，計画化体制の諸目標は，通常，社会の諸目標として提示されるけれども，それらと適合するものではないことを十分に理解するようになった。このよ

12．同前，471ページ。

うな認識は計画化体制からはとても歓迎されるところではないが，生活の現実であるとして受け入れられている。」

　もっとも，ガルブレイスが，「計画化体制」から零れ落ちたもろもろの要因を，現代経済でもごく一部に残っている「市場体制」（ここでは，企業は小規模で，依然として市場に従属している）として拾い上げ，「計画化体制」vs.「市場体制」という二部門で経済体制を捉えようとしたのは後の著作（『経済学と公共目的』1973 年）においてだが，『ゆたかな社会』でも登場していた環境問題への鋭敏な感覚が，『新しい産業国家』でも生きていたことを再確認しておきたい[13]。

補論　保守化したアメリカ社会への批判

　ガルブレイスは，自他ともに認めるように，アメリカのリベラリズムに期待をかけ，ルーズヴェルトやケネディの民主党政権で官職に就いたときは，それをみずから実践してきたつもりであった。

　ところが，1980 年前後から，アメリカ政治は大きく右旋回し，保守主義の経済思想が息を吹き返すことになった。ガルブレイスは，1980 年代の初めから 1990 年代の初め頃まで続いたレーガン＝ブッシュ共和党政権をつぶさに観察していたのだろう。なぜアメリカ社会はこれほど保守化してしまったのか，と。その思索の結果，『満足の文化』（1992 年）と題する優れたアメリカ社会論が生まれた[14]。

　『満足の文化』のキーワードは，「満足せる選挙多数派」である。かつては，経済的にも社会的にも恵まれた人々は少数で，彼らが支

---

13. 詳しくは，拙著『ガルブレイス――異端派経済学者の肖像』（白水社，2016 年）を参照のこと。

14. J・K・ガルブレイス『満足の文化』中村達也訳（新潮文庫，1993 年）

配力を握っていた。ところが，アメリカが豊かになるにつれて，すべての階層のなかで多数派ではないものの，「実際に選挙に参加する」人たちのなかでは多数派の市民が支配力を行使するようになった。彼らが「満足せる選挙多数派」と呼ばれている人たちである。ガルブレイスは，誤解を招かないように，再度注意を喚起する[15]。

　「彼らが有権者全体の中で多数派なのではないことを再度繰り返しておく。彼らは，デモクラシーという装いのもとに支配するが，そのデモクラシーには，恵まれていない人々は参加していないのである。満足せる人々は決して黙ってはいない。これが最も重要なことである。本書で展開するように，彼らは自分たちの自己満足状態を侵しそうなものに対しては，はっきりと怒りを示すのである。」

　「満足せる選挙多数派」は「自己に対する配慮」を行動基準にしており，その意味で自己中心的な人々である。彼らは，自分たちに都合のよい政府支出（例えば，金融機関の救済，軍事支出，金利の支払いなど）には反対しないが，自分たちの払った税金がもろもろの支出（福祉支出，低価格住宅，公教育など）に使われることには執拗に抵抗し，政府に何よりも減税を要求する。それゆえ，選挙に当選あるいは再選されたければ，そのような「満足せる選挙多数派」の要求をとうてい無視できない。ガルブレイスはいう[16]。

　「社会のある部分が税金を払い，そして投票する。他の部分は便

15.　同前，27-28 ページ。
16.　同前，61 ページ。

益を受け取り，そして投票はしない。投票し発言力を持っている
人々の利己心を追求するとすれば，税金は減らすべきであり，将
来においても著しく増やしてはならず，福祉サービスはできるだ
け削減すべきだということになる。しかし，望ましい支出，特に
防衛支出と金融機関救済への支出は削減してはならないとされる。
減税をし，それに見合った支出の削減をしない結果が，大幅で持
続的な財政赤字を生んだ。この赤字を埋め合わせるための借入は，
利子支払いのための支出を増大させるなど長期的な影響を残し，
高金利という点で産業の生産性に対してマイナス効果をもたらし
た。しかし，これまで見てきたように，満足せる階層の文化は長
期的結果には反応しないのである。」

　皮肉な見方だが，ガルブレイスによれば，レーガン＝ブッシュの
共和党政権による富裕者に対する大減税，防衛支出の増大，金融機
関の救済などは，選挙民の要求にこたえるという意味で，民主主義
の原則に忠実だったという。読者は，ガルブレイスが1993年の時
点で指摘したこのような特徴が，21世紀アメリカでも同様に観察
されたことを昨日のことのように覚えているだろう。それほどアメ
リカ社会の保守化が進んだ証左でもある。

　だが，ガルブレイスは，「満足の文化」からはじき出されている
下層階級がいることを忘れるべきではないと警鐘を鳴らしている。
いつ何時，不満がたまった彼らが「暴力的反応」に打って出るかわ
からない，と[17]。

---

17. 同前，174-175ページ。

「とりわけ，現在の生活が平穏であるかどうかの判断は，過去の不安な生活との比較によるものであることが明らかになってきた。時がたつにつれて，そうした比較は影をひそめ，さらに時がたてば，相対的窮乏から脱出できる見込み——上層への移動の見込み——がなくなってくる。経済が減速ないし縮小すればこの傾向は強まり，景気後退や不況が長期化すれば状況はさらに悪化するであろう。デトロイトの自動車工場や車体工場で働く労働者——隣接するミシガン州やオンタリオ州の農場から逃れてきた人々，後にはアパラチアから来た白人貧困層——の数は増加する一方であった。彼らの後からやってきた南部出身の人々の多くは，今この地特有の失業の嵐の中で立ち往生している。こうした状態が，いつか暴力的反応を引き起こしても不思議ではないであろう。快適でない生活を送るこうした人々は，自らの運命を喜びさえして穏やかに受け入れるというのが，快適な生活を送る人々の重要な教義であった。そのような教義の誤りが，思いもよらぬ劇的な形で明らかになるかもしれない。」

第9章

スラッファの古典派アプローチ

　ピエロ・スラッファの名前は，前にケンブリッジにおける不完全競争理論の展開に火をつけた画期的論文「競争的条件の下での収穫の法則」（1926年12月号）の著者として登場した。だが，その後，彼は不完全競争理論の展開にかかわろうとせず，長いあいだ，古典派（とくに，デイヴィッド・リカード）の価値論を現代に甦らせる理論モデルの構築に取り組んだ。その成果が，スラッファ畢生の名著『商品による商品の生産』（1960年）である[1]。

　だが，『商品による商品の生産』は，「需要と供給の均衡」による価格決定というスタンダードな思考法に異議を唱える「古典派アプローチ」（商品の価値の問題に生産の側からアプローチする古典派以来の方法で，限界革命以後に普及した「需要と供給の均衡」という概念を退けているところに特徴がある）を説いていたので，なかなか経済学界に理解されなかった。私の恩師（菱山泉）はスラッファ研究の大家だったが，あるとき，私に向かって「スラッファの理論が一般に理解されるまでには50年はかかるだろう」と言われたことがある[2]。

　それにもかかわらず，ケンブリッジでスラッファと懇意にしていたJ・ロビンソンやポスト・ケインジアンの一部は，スラッファの

　1．ピエロ・スラッファ『商品による商品の生産』菱山泉・山下博訳（有斐閣，1962年）

『商品による商品の生産』をきわめて高く評価し，初級用の経済学教科書のなかにもその思考法を採り入れようとした[3]。スラッファには不思議な魅力があり，現代でも，少数ながら根強いファンがいる。

　この章では，『商品による商品の生産』において展開されたスラッファの思考法をできるだけわかりやすく紹介していきたい。

1 「古典派アプローチ」とは何か

　「古典派」は，ケインズの意味では，セイの法則を容認した人々の意味だが，スラッファにとっての「古典派」とは，スミスからリカードを経てマルクスへと流れていく，「生産」の側から「価値と分配の理論」を解明しようとした人々を指している。『商品による商品の生産』は，「古典派」の伝統を継承しながらも，リカードがつまずいた「不変の価値尺度」問題を新たな手法で解決しようとした天才の作品である。

　いま，小麦と鉄という二つの産業から構成された経済を考えよう。小麦産業では，50 クオーターの小麦，20 トンの鉄，1/4 の労働を投入して 80 クオーターの小麦が産出されている。そして，鉄産業では，20 クオーターの小麦，20 トンの鉄，3/4 の労働を投入して 80 トンの鉄が産出されているとしよう。

　ここで，小麦の価格を p_1，鉄の価格を p_2，労働 1 単位当たりの賃

　2．スラッファ経済学案内としては，今日でも，菱山泉『ケネーからスラッファへ──忘れえぬ経済学者たち』（名古屋大学出版会，1990 年）以上のものはない。

　3．ジョーン・ロビンソン，ジョン・イートウェル『現代経済学』宇沢弘文訳（岩波書店，1976 年）

金を w，利潤率を r とおくと，次のような生産方程式が得られる。

$$(50p_1 + 20p_2)(1 + r) + \frac{1}{4}w = 80p_1$$

$$(20p_1 + 20p_2)(1 + r) + \frac{3}{4}w = 80p_2$$

　さて，小麦を「価値尺度財」（ニュメレール）にとると（$p_1 = 1$），この体系には，方程式が二つなのに対して，未知数が三個（p_2, r, w）ある。これを「自由度1の体系」と呼ぶが，その意味は，r または w が外部から与えられなければ，モデルは完結せず，小麦表示の鉄の価格もわからないということである。

　この数値例では，経済全体として，70クオーターの小麦と40トンの鉄が投入され，80クオーターの小麦と80トンの鉄が産出されているので，「純生産物」は10クオーターの小麦と40トンの鉄から構成される。その価値は $10 + 40p_2$ だが，しかし p_2 は r または w の変化とともに変化するので，純生産物の価値もまた変化することになる。すなわち，分配されるべき純生産物の価値が，賃金と利潤のあいだへの分配の変化とともに変化するわけだ。それゆえ，分配が変化しても不変の価値をもつ尺度財を発見しない限り，賃金と分配のあいだの分配関係を透視することができない。リカードはかつてこの難問に取り組んだが，結局，「不変の価値尺度」問題を解決することができなかった。

　ところが，スラッファは，この問題を次のように解決して見せた。前の生産方程式において，小麦産業と鉄産業の生産規模をそれぞれ 8/5 倍，4/5 倍に変化させる。

$$(80p_1 + 32p_2)(1 + r) + \frac{2}{5}w = 128p_1$$

$$(16p_1 + 16p_2)(1 + r) + \frac{3}{5}w = 64p_2$$

この体系では，経済全体として，96 クオーターの小麦と 48 トン
の鉄が投入され，128 クオーターの小麦と 64 トンの鉄が産出され
ているので，純生産物は 32 クオーターの小麦と 16 トンの鉄から構
成される。労働の雇用総数は，前と同じく 1 である。留意すべきは，
この仮想の生産体系では，「生産手段」「生産物」「純生産物」のいず
れもが小麦と鉄の等しい比率（2 対 1）での組合せから構成されて
いることである。スラッファは，このような生産体系を「標準体系」，
標準体系の純生産物（この例では，32 クオーターの小麦と 16 トンの
鉄）を「標準商品」と呼んだ。標準商品の生産手段（この例では，96
クオーターの小麦と 48 トンの鉄）に対する比率を「標準比率」R で表
すと（この場合は，3 分の 1），次のように，標準体系では，利潤率
を価格から独立に物量の比率として捉えることができる。

r ＝利潤／生産手段
$\quad$＝（標準商品－賃金）／生産手段
$\quad$＝（標準商品／生産手段）－（賃金／標準商品）×（標準商品／生産手段）
$\quad$＝ $R - w^*R$
$\quad$＝ $R(1 - w^*)$

$r = R(1 - w^*)$ において，w^* は標準商品で表された賃金率を意味
している。かくして，標準商品という価値尺度によって，価格から

独立に利潤と賃金のあいだの分配関係を透視することができるようになったのである。

だが，$r = R(1 - w^*)$ のような関係は，標準体系でしか成り立たないのではないかという疑問は残るかもしれない。たしかに，標準体系は仮想の体系だが，現実の体系における各産業の生産規模をそれぞれ一定倍して作られているので，数学的には等値である。いわば，標準体系は，現実の体系の中に埋め込まれているわけだ。それゆえ，両体系は同一の解を与えるはずであり，標準商品を価値尺度にすることによって得られた，$r = R(1 - w^*)$ の関係は現実の体系にも当てはまることになるのである。

しかし，それでも，体系が「1の自由度」であることには変わりがない。

2 「1の自由度」の含意

体系が「1の自由度」であることの含意をもう少し考えてみよう。文字通りに解せば，体系は r または w を外部から与えなければ閉じることができないということだが，どのように閉じるべきかについて，スラッファ理論に傾斜した研究者のあいだでも意見は一致していない。

当のスラッファは，独立変数に利潤率 r を選び，「それは，生産の体系の外部から，とくに貨幣利子率の水準によって，決定されることが可能である」と示唆したのみで，ほかにどのようにモデルを閉じるべきかについては何も語っていない[4]。スラッファの真意は，おそらく，モデルをどのように閉じるかというよりも，「1の自由度」の体系であることを強調することにあったのではないかと推測される。貨幣利子率にのみ触れているのは，モーリス・ドッブ

(Maurice Dobb) が解釈したように，それ以下の水準の利潤率では企業は長期的に存続できないという意味で利潤の最低率を画するに違いないと考えたからだろう[5]。

しかし，やはりモデルを閉じたいという想いを抑えがたく，スラッファ理論に啓発されたポスト・ケインジアンが幾つかの提案をしているのも事実である。一つは，ポスト・ケインズ派の成長理論の分野で使われていた「ケンブリッジ方程式」（$r = G_n/s_p$，G_n はハロッドの自然成長率，s_p は利潤所得からの貯蓄性向）で決まる利潤率 r を外部から導入しようとする方法である。

ケンブリッジ方程式は，次のように導き出せる。カルドアの分配理論を思い出してみよう。所得 Y は賃金 W と利潤 P から構成され，貯蓄 S は労働者の貯蓄 $s_w W$ と資本家の貯蓄 $s_p P$ から構成されるが（s_w は賃金所得からの貯蓄性向である），ここで $s_w = 0$ という単純化の仮定を置くと，$S = s_p P$ となる。他方，人口の増加と技術進歩に匹敵する投資を I とすれば，投資と貯蓄の均衡は，

$$I = S = s_p P$$

によって表される。両辺を資本財の総価値 K で割ると，

$$\frac{I}{K} = s_p \frac{P}{K}$$

4．スラッファ『商品による商品の生産』，前掲，57 ページ。
5．モーリス・ドッブ『価値と分配の理論』岸本重陳訳（新評論，1976 年），
　312 ページ参照。

となるが，I/K は自然成長率 G_n に等しいので（I が人口の増加と技術進歩に匹敵する投資と定義されていたことを想起せよ），均衡利潤率 P/K を r で表せば，

$$r = \frac{G_n}{s_p}$$

という式が得られる。すなわち，利潤率は，自然成長率を利潤所得からの貯蓄性向によって割ることによって求められる。これが，成長理論の分野で使われるケンブリッジ方程式である。この方法は，静態的経済には適用できないという欠陥があるが，ポスト・ケインジアンの一部は，価値と分配の理論への一つの突破口を開くものだとして高く評価している。

　さらにポスト・ケインズ派の一部は，寡占状態での価格決定論を提示したカレツキの影響を受けて，寡占とマクロ動学をリンクさせるような仕事を好んできたが[6]，彼らは，スラッファ理論の解釈においても，寡占の視点を提示している。それはこういうことである。

　スラッファ理論においては，自由競争が仮定されているので，経済体系に均等利潤率が成立していると考えてよい。だが，寡占的状況の下では，複数の利潤率が成立しうる。つまり，産業間に利潤率格差が生じる場合，それをどのように処理すべきかという問題が生じうるのである。

　イタリアの経済学者 P・シロス゠ラビーニは，この問題を次のように処理した（シロス゠ラビーニは産業組織論の分野での仕事で知られ

6．例えば，A・S・アイクナー『巨大企業と寡占——マクロ動学のミクロ的基礎』川口洋訳（日本経済評論社，1983 年）参照。

るが，スラッファ理論にも理解を示した)[7]。いま，経済体系に二つの利
潤率が生じていると仮定しよう。すなわち，第一の利潤率 r_1（これ
が貨幣利子率によって決まる「正常」利潤率であると考える）と比較し
て，第二の利潤率 r_2 のほうが高いとする。これは，

$$r_2 = mr_1, \quad m > 1$$

と表現することができる。利潤率格差の導入によって既知数は増加
するが，未知数は変わらないので，利潤率格差を外部から与えれば
モデルを閉じることができる。もちろん，何がそのような利潤率格
差をもたらしているのかという問題は残るが，論理的には相対価格
の分析が先にあって，そのあとに考察すべき問題だと言える。

　スラッファ自身の真意は，先に触れたように，1の自由度を強調
することにあったように思われるが，以上に紹介したように，モデ
ルを閉じようとする興味深い試みがあったことも同時に知っておく
べきだろう。

3　スラッファ革命

　「スラッファ革命」という言葉は，ケインズ革命と比較すると一
般に使われてもいないし，学界でもポスト・ケインズ派の一部以外
には理解されていないが，『商品による商品の生産』によって古典
派アプローチを再生させたスラッファの偉業は，私見では，『一般
理論』によって有効需要の原理を樹立したケインズのそれに勝ると
も劣らない。なぜなら，スラッファの価格理論は，新古典派の「需

7．Pier Luigi Porta, "Paolo Sylos Labini as a historian of economics," *Revue
d'économie industrielle*, 118｜2e trimestre 2007.

要と供給の均衡」という根本的な枠組みへの代替的アプローチだから
らだ。

　第一に，新古典派理論においては，商品の価格は需要と供給が等
しくなるところで決まる。留意すべきは，この場合，需要曲線の背
後にはみずからの選好に従って効用を最大化しようとする消費者の
行動があり，供給曲線の背後には利潤を最大化しようとする企業家
の行動が想定されていることである。そして，両曲線の交点におい
て，均衡価格と均衡産出量が決まる。

　ところが，スラッファ理論においては，価格は経済体系の不変の
再生産を維持するのに必要な投入・産出構造によって決定されるの
で，需要は何の役割も演じない。新古典派理論とは対照的に，消費
者や企業家のような個人の行動仮説が徹底的に排除されているので
ある。私の師（菱山泉）は，このようなスラッファ理論を「客観的
価格理論」と呼び，次のような見事な解説を書いた[8]。

　「スラッファの価格が，考察されている体系のテクノロジーと
「剰余」の比例的分配とに基づいて決定するということは，それが，
通常のミクロ理論でのように，個人の行動に依存するものではな
いという性質をもっている。新古典派理論に基づく分析的構想か
らは，まったく予想もつかないかもしれないが，個々人の期待や
行動に少しも基づかない，純粋に客観的な経済理論も存在するの
だ。……

　私は，ここで重農主義者ミラボーの著作にある（ケネーの言葉
とおぼしい）次の一文を連想する。「世界はそれ自ら動いていく」

　8．菱山泉『ケネーからスラッファへ』，前掲，187-188 ページ。

(Le monde va de lui-même.)。この文における「世界」は単に自然を指すのではあるまい。人間の社会的関係の総体をも含むと考えてよいであろう。いずれにせよ、「世界」は、個々の人間の期待や思い込み、意志や働きかけにもかかわらず、それらとは独立に、客観的に定められた自らの軌道を進んでいくのである。経済体系の運動も、これになぞらえることができるかもしれない。ともあれ、スラッファの価格決定の仕組みは、通常の新古典派均衡理論のそれとは違い、徹底した客観主義的接近方法の産物であることは間違いないように思える。」

　第二に、新古典派理論においては、集計的生産関数 $Y = F(K, L)$ にみられるように、資本量 K は価格や分配から独立した物的な単位で測定することができると想定されている。そして、需要と供給の均衡の枠組みを適用して、資本の価格としての利潤率または利子率は、その市場における需要と供給が等しくなるところで決まると主張される。

　ところが、スラッファ理論においては、資本とは異なる商品の集合体のことなので、資本の大きさはそれらの価値の集計量として表現される（例えば、$K = 70p_1 + 40p_2$ のように）。だが、それぞれの価格は利潤率の変化とともに変化するので、資本の大きさもまた変化する。すなわち、資本の大きさは、利潤率から独立に存在できないのである。かくして、スラッファは、資本の大きさを価格や分配から独立した物的な単位で測定できると考える新古典派理論の欠陥を鋭く突いたのである。

　J・ロビンソンがアメリカの新古典派を論敵に仕掛けた資本論争のところで触れたように、このようなスラッファ理論は、彼女の立

場を補強する強固な理論的基礎を与えた。しかし，スラッファ自身は，不完全競争の展開のときと同じように，資本論争に積極的にかかわろうとはしなかった。

　第三に，スラッファ理論は，新古典派経済学についての有名な「希少性」定義を提示したライオネル・ロビンズ（Lionel Robbins）を根本的に批判する視座を提供している。ロビンズは，経済学を「諸目的と代替的用途をもつ希少な諸手段との間の関係としての人間行動を研究する科学である」と定義したが[9]，この定義は現代のスタンダードな経済学においても基本的に承認されていると言ってよい。

　ところが，古典派アプローチの再生に一生を捧げたスラッファは，希少性よりも「再生産」の視点から経済体系を捉えている。スラッファ理論では，リカードがそう考えたように，きわめて希少な彫像や絵画などは再生産不可能なので，価格論においては考慮の対象外なのである[10]。逆に，希少性を欠いた商品は，新古典派理論では「自由財」に分類されるので，価格をもつことはない。ところが，スラッファ理論では，価格は経済体系の投入・産出構造に規定されて決まるので，希少性を欠いても商品は価格をもつのである。

　ところで，希少性定義を提示したロビンズの『経済学の本質と意義』の初版は 1932 年に出版されているが，当時は世界的大不況の最中であり，イギリスでも 300 万人の労働者が失業しており，多くの生産設備が遊休していた。ケインズは，希少な生産手段などほと

　9．L・ロビンズ『経済学の本質と意義』辻六兵衛訳（東洋経済新報社，1957年），25 ページ。

10．この点は，菱山泉『リカード』（日本経済新聞社，1979 年）に詳述してあるので，参照をすすめる。

んど存在しない状況下で，そのような経済学の定義を提示したロビンズの現実感覚に疑問符をつけ，数年後，『一般理論』において新古典派理論に欠落していた有効需要の原理を樹立した。価格決定論と産出量決定論という違いはあるが，スラッファとケインズがともに新古典派理論の思考法に異議を申し立てた事実は記憶にとどめておくべきである。

第 10 章

ベルリンの壁の崩壊

　1989 年 11 月，20 世紀の壮大な実験であった社会主義の失敗を象徴するベルリンの壁が崩壊した。あれから 30 年あまりの月日が経過したが，経済思想の面では，1980 年代を通じてその人気が回復しつつあったハイエク（F. A. von Hayek）やミーゼス（Ludwig von Mises）などに代表されるオーストリア学派の再生を挙げるべきだろう。

　もっとも，ハイエクは 1974 年度のノーベル経済学賞を受賞しているので，ミーゼスよりも早く復権していたと言えるかもしれないが，壁の崩壊時点で，わが国におけるミーゼス研究は例外を除いて決して盛んではなかった。わずかに比較経済体制論の教科書のなかに，かつてこの世に社会主義政権が誕生したとき，生産手段の私有がなければその価格もないので合理的な経済計算が不可能になると主張した人として記されているだけだったといっても過言ではない。

　ところが，壁の崩壊は，ハイエクとミーゼスの経済思想を甦らせたばかりでなく，後者がアメリカに渡ってから奉職したニューヨーク大学時代に育てたネオ・オーストリアンへの関心をも新たに呼び起こした。この章では，彼らの経済思想のうち，政治色のやや強いものを除き，経済学の主要概念をめぐるものに限って紹介していきたい。

1 市場プロセスへの関心

第二次世界大戦後，経済学の最先進国はイギリスからアメリカへと移ったが，かの地では，やがて新古典派とケインズ経済学を平和共存させた「新古典派総合」が主流派の地位を襲ったことは前に解説した。つまり，ミクロ理論では新古典派，マクロ理論ではケインズ経済学が主流になったということだ。そして，ミクロ理論では，長いあいだ一般均衡理論を中心にしたカリキュラムが組まれていた。

経済学の歴史のなかで一般均衡理論を初めて確立したのは，フランス人のレオン・ワルラスだが，彼によれば，一般均衡理論とは完全競争を想定したときの価格決定理論であった。ワルラスの死後，それは第二次世界大戦後のアメリカで最高度に発展し，ついには1954年，位相数学を駆使して均衡解の存在証明が成し遂げられた[1]。

ハイエクは，そのような数理経済学の展開には無関心だったが，ミクロ理論が「市場均衡」にばかり焦点を絞っていることにはかねてから批判的であった。とくに，一般均衡理論の出発点である「完全競争」の概念を俎上に載せる[2]。

完全競争市場とは，①「原子論的な市場構造」，②「均質の商品」，③「市場への参入と退出の自由」，④「完全知識」という四つの条件を満たした市場のことだが，ハイエクは，それらを一つ一つ吟味していく。

①の原子論的な市場構造とは，消費者も企業も多数存在しているので，価格に影響を及ぼすことができないということである。だが，

1．Kenneth J. Arrow and G. Debreu, "Existence of an equilibrium for a competitive economy," *Econometrica*. vol. 22, no. 3 (1954)

2．F・A・ハイエク「競争の意味」(1946年)，田中真晴・田中秀夫編訳『市場・知識・自由』(ミネルヴァ書房，1986年) 所収。

ハイエクは，政府によって直接特権を供与された独占は別にして，
③の市場への参入と退出の自由さえ保障されているならば，「優越
した効率を基礎とする独占は，誰か他のものが，消費者に満足を与
えることにおいて，いっそう効率的になればすぐに消滅する」のだ
から，比較的無害であると主張する[3]。すなわち，市場構造が原子論
的であるかどうかは，「競争的」であるかどうかを判断する基準と
しては不適切だというわけだ。

　②の均質の商品とは，言葉を換えれば，製品差別化がないという
ことである。ところが，ハイエクによれば，「完全競争の熱狂的信
者」のなかには，「生産物の現にある多様性が強制的規格化によっ
て減らされたら，資源のいっそう有効な使用が達成される」と主張
する者さえいるという[4]。ハイエクが具体的に誰を念頭に置いてい
るのかわからないが，「家に対する完全市場をつくり出すために，
すべての家を厳密に同じように建てるのは，明らかに改善ではな
い」というハイエクの言葉にも一理はある[5]。

　だが，ハイエクが最も問題にしているのは，④の完全知識である。
完全知識とは，売り手も買い手も市場での取引に関連する十分な知
識をもっているということである。ハイエクは，経済学者が完全知
識の名のもとに，生産者が「その商品が生産されうる最低費用を
知っている」とか，「消費者の意向と欲望について，生産者たちが
完全情報をえている」としばしば想定していることに驚きを隠して
いないが，これらの知識は，実は，「所与の事実」ではないのであっ
て，「むしろ競争の過程によって解かれるべき問題」だと反論する

3．同前，98 ページ。
4．同前，87 ページ。
5．同前。

のである[6]。

　ハイエクは，こうして，完全競争が成り立つための条件を子細に
吟味すると，それが私たちがふつうに「競争」という言葉で思い浮
かべるものとまるで意味が食い違っていることに注意を喚起する。
例えば，「広告，値引き，生産される財やサーヴィスの改善（「品質
差別化」）はすべて，定義によって排除される――「完全」競争は，
実際，あらゆる競争的活動の不在を意味する」と[7]。

　もっとも，新古典派のミクロ理論が，完全競争以外の市場構造を
分析しなかったというのは当たらないが（教科書では，「完全競争」
「不完全競争」「寡占」「独占」の場合のそれぞれについてのモデルが確か
に紹介されていた），完全競争モデルが一つの重要なメルクマールと
して一般均衡理論を長いあいだ支配し続けたという批判は間違って
いない。ハイエクが復権してから，「市場均衡」よりは「市場プロセ
ス」に関心をもつ「ネオ・オーストリアン」（現代経済学の主流では
ないが，オーストリア学派の思考法を受け継ごうという集団）も増えて
きた。それゆえ，この分野におけるハイエクの影響は決して小さく
なかったというべきである。

　ところで，ハイエクは，先に触れたように，1974年度のノーベル
経済学賞を受賞したのだが（共同受賞者はスウェーデンの経済学者グン
ナー・ミュルダール），その受賞記念講演のタイトルに "The Pretence
of Knowledge"（知識の驕り）を選んでいる。このテーマは，ハイエ
クの知識論と深くかかわっているが，彼の社会主義計画経済批判に
もつながっているので，少し補っておこう。

　ハイエクは，以前から，「知識」を単に「科学的知識」ばかりでな

6．同前，83ページ。
7．同前，84ページ。

く，「時と場所の特殊状況についての知識」をも含むものと理解し，とくに後者を重視した。そして，それは分散した形で存在しているがゆえに「統計」には入りにくく，中央政府が一元的に統制することなど不可能であると堅く信じていた[8]。ノーベル経済学賞記念講演にも，それに関連した文章が登場する[9]。

　　「まったくのところ，市場秩序は，特定のいろんな事実に関して，どんな個人が持っている知識よりも大きな知識を利用し，しかもこの知識は数えられたこともない多数の人びとの間に，分散してしか存在していないというのに，これをその全体において動員することによって，資源の配分に貢献いたします。この点こそが，市場秩序が優れている源泉であり，また，市場秩序は，それが政府の権力によって抑制されない限り，他のどんなタイプの秩序であっても，遅かれ早かれこれを追い出し，いつも市場秩序へと置き換えて行く理由でもあります。

　　ところが，われわれ，観察をしている経済学者たちには，このような市場秩序を決定しているすべての要素を知ることは，こうして絶対に不可能なことであります。その結果，諸価格ならびに諸賃金のどんな特定の体系であれば，そのもとで経済のすべての部門における需要と供給とが一致するのかも，知ることができませんために，均衡が樹立された場合の市場秩序から，現状がどれ

8．Ｆ・Ａ・ハイエク「社会における知識の利用」(1945 年)，『市場・知識・自由』，前掲，60 ページ。

9．Ｆ・Ａ・ハイエク「科学主義がもたらす危険」(1974 年)，西山千明編『新自由主義とは何か』(東京新聞出版局，1976 年) 所収，234-235 ページ。なお，「科学主義がもたらす危険」とは，西山千明氏の意訳である。

だけ乖離しているかを計測することもできません。また，ある特定の諸財や労働が，「言い値」では販売しつくしたり，雇用されつくしたりすることが出来ないのは，それらの「言い値」が価格ならびに賃金の均衡体系から，乖離しているからだと主張するわれわれの理論を，統計的に検証することも不可能であります。」

ところが，現代は，「科学的知識」のみが偏重されており，自然科学の方法を無批判的に社会科学に適用しようとする「科学主義」が社会に蔓延しているというのが，ハイエクの最も危惧するところであった。彼は次のように言っている[10]。

「社会科学の分野における科学に対する信頼を守り，自然科学の分析手法と外見上だけ似た分析手法に基礎を置いているからということだけで，「これは科学的知識である」と主張する，「知識の僭称（the arrogation of knowledge）」を防止することが，もしもわれわれの義務であると致しますならば，このような「知識の僭称」の仮面を引っ剥がすために，多くの努力が傾けられなければなりません。ところが，このような「知識の僭称」行為をおこなうことが，いまや既存の諸大学の諸学部にとって，既得権益となってしまっております。」

「科学主義」批判も，ハイエクが一生を通じて追い求めたテーマの一つだが，関心のある読者には，本書巻末の文献案内のところで，有益な参考文献を紹介したい。

10.　同前，244 ページ。

2　ミーゼスの『ヒューマン・アクション』

　ミーゼスのライフワークは『ヒューマン・アクション』（初版は1949 年）だが，一部の例外を除いて，日本では多くの読者を得ることができなかった。いまでも，ミーゼス研究者の人数はハイエク研究者のそれよりもはるかに少ないと思う。だが，『ヒューマン・アクション』のなかには，のちのネオ・オーストリアンにつながる重要な要素があるので，その大要を紹介しておきたい[11]。

　ミーゼスは，一切の「変化」が捨象された「均等循環経済」（evenly rotating economy）という「仮構」を出発点に選んでいる。これは，シュンペーターが「動態」の前に「静態」のモデルから出発しているのと同様だが，正確を期すために，ミーゼスのいうことを聞いてみよう[12]。

　　「均等循環経済とは，すべての財とサービスの価格が最終価格と
　　一致する架空のシステムである。その枠組みでは，いかなる価格
　　変化もなく，価格が全く安定しており，同じ市場取引が繰り返し
　　反復される。生産された消費財が最終的に消費者の手に入り消費
　　されるまで，高次財の同一量が同一の加工段階を経過する。市場
　　データには何ら変化が起こらない。今日は昨日と変わらず，明日
　　は今日と変わらないであろう。システムは絶えず流動しているが，
　　常に同じ点にとどまっている。それは固定した中心の周辺を均等
　　に回り，均等に循環する。通常的静止状態は，繰り返し繰り返し
　　乱されるが，即座に以前の水準に戻る。通常的静止状態に反復的

---

11. 日本語版は第三版（1966 年）を定本にしている。ルートヴィヒ・フォン・
　　ミーゼス『ヒューマン・アクション』村田稔雄訳（春秋社，1991 年）
12. 同前，274 ページ。

攪乱を起こす要因をはじめ，すべての要因は一定である。した
がって，価格（普通，静学的価格ないし均衡価格と呼ばれているも
の）も，また一定である。」

　ミーゼスは，この「均等循環経済」の世界に「変化」が生じたと
き，どのような現象が生起するかを考察する。では，そのような
「変化」がいかにして生じるかといえば，ミーゼスは，それは人間
が「行為」することによってであると答える。なぜなら，「行為とは
選択することであり，不確実な未来に対処すること」だからである[13]。
これが，ミーゼスの「人間行為学」（プラクセオロジー）の基本である。
　「均等循環経済」では，すべては既知であり，未来についての不
確実性はないので，「行為」する必要はない。しかし，市場データの
変化が「均等循環経済」を維持することができないほど大きくなれ
ば，人間が「行為」する余地が生まれる。
　ミーゼスは，「変化」する世界で行為する経済主体として「企業
家」を持ち出しているが，ミーゼスの「企業家」は，不確実な未来
に直面しながらもあえて「投機」し，そこから利益を引き出そうと
する「プロモーター」であり，シュンペーターの企業家と違って必
ずしもイノベーションの担い手ではない。
　ミーゼスの「企業家」は，一言でいえば，市場データの変化に
よって「均等循環経済」から離れたとき，そのような不均衡状態の
なかに目ざとく利潤機会を発見し，「行為」する人間なのである。
利潤機会を見出した「企業家」は，超過利潤が生まれるところに供
給量を増大させようとするので，需要と供給のアンバランスはやが

---

13. 同前，275 ページ。

て解消し，しまいに利潤はゼロとなるだろう。

　ミーゼスの「企業家」は，この意味で，いわば「均衡回復」の役割を演じるのであり，イノベーションによって均衡を破壊するシュンペーターの企業家とは区別される。このような企業家像は，ミーゼスのニューヨーク時代の弟子たち（彼らこそネオ・オーストリアンの中核を占める）に受け継がれていった。例えば，イスラエル・M・カーズナーは，次のように，師であったミーゼスの競争論の本質を「企業家的参入の自由」に求めているが，これはオーストリア学派を現代的に再生させることを目指したネオ・オーストリアンにふさわしい解釈である[14]。

　　「(均衡状態である) 完全競争では，ミーゼスが重視した企業家を考えることは絶対にできない。これに対して (相互に競争する生産者たちの成功と失敗を消費者が決定していくミーゼスの) ダイナミックな競争プロセスは，まさに企業家的なプロセスだ。競争的な参入という行為は，必然的に企業家的だ。その行為はある特定の資源を，現在使用しているところから，販売して利益を獲得できるという，参入者の確信を示している。このように企業家的市場プロセスは，終わることのない一連の企業家的な歩みなのだ。それらの一歩一歩が「参入」行為だ。ミーゼスによれば，「競争」の利点として人々が理解しているのは，それが絶えることのない企業家的な冒険を許容し刺激することである。これらの冒険で新たな生産物や新たな生産方法が導入される。そしてそれらの冒険はまた，資源と生産物の新たな市場価格を生み出していく。これらの

---

14. イスラエル・M・カーズナー『ルートヴィヒ・フォン・ミーゼス──生涯とその思想』尾近裕幸訳（春秋社，2013 年），117-118 ページ。

　新しい価格は，消費者の判断に順応して，最も生産的なところに
資源を惹きつける可能性を開く。それはまた，より低価格で消費
者に生産物を提供できる可能性も生み出す。

　消費者は市場プロセスから利益を得るというミーゼスの信念は，
このプロセスの競争的な性質による。つまり，消費者の利益は，
市場の諸制度が利益を得ることができると信じている市場部門に，
企業家が参入することを許容し刺激する程度によって決まる。市
場プロセスのミーゼス的な理解では，「競争」というのは企業家
的参入の自由，あるいは参入に対する人為的障害となる既存企業
に与えられる特権の欠如という制度的な枠組みのことである。」

　さらに留意すべきは，ハイエクが市場プロセスに着目した競争論
を展開したように，ミーゼスも独自の企業家像を通じて不均衡から
均衡へ至るまでの「プロセス」を重視していることである。オース
トリア学派の伝統のなかで教育された二人は，ともに市場経済シス
テムを「プロセス」のなかで捉えようとし，新古典派の静態的一般
均衡論とは一線を画したわけだ。

3　ネオ・オーストリアンの登場

　企業家精神の文献においては，いまだにシュンペーターの先駆的
業績が屹立しているが，ハイエクやミーゼスの影響を受けたネオ・
オーストリアンの登場によって新たな局面を迎えた。とくに，ミー
ゼスの弟子だったカーズナーは，師の企業家像を受け継ぎ，シュン
ペーターとは対照的な企業家像を提示することに成功した数少ない
例である[15]。

　前に，ミーゼスの企業家が，必ずしもイノベーションの担い手で

ある必要はないことは述べた。カーズナーは，この点を明確にし，
「企業家」とは，イノベーションの遂行者ではなく，むしろ「すでに
存在し，気づかれるのを待っている諸機会に対して機敏である」者
として定義している[16]。

　すでに見てきたように，市場プロセスは市場均衡に至るまでの不
均衡がある限り続くが，そのような不均衡の状態においてこそ「諸
機会に対して機敏である」者としての企業家が活躍する余地がある。
すなわち，カーズナーの企業家は，不均衡の状態において「均衡を
もたらす変化」を担うという重要な役割を演じるのである。カーズ
ナーは次のように述べている[17]。

　　「私にとっては，企業家が始動する変化は，つねに均衡という仮
　説的な状態に向かっている。すなわち，それらの変化は，現存の
　誤った意思決定のパターン，見過ごされた諸機会によって特徴づ
　けられるパターンに反応してもたらされたものである。企業家は，
　私の見解では，以前の市場の無知から生じた不調和の要素を相互
　に調整する働きをするのである。」

　カーズナーは，このような企業家像から，市場構造が競争的か独
占的かという基準に固執し，企業家的参入の自由が保障されている
かどうかという，より本質的で重要な問題に目を瞑ってしまった当
時の産業組織論を俎上に載せる。とくに，カーズナーは，反トラス

---

15. Israel M. Kirzner, *Competition and Entrepreneurship*, University of
　　Chicago Press, 1973.
16. Ibid., p. 74.
17. Ibid., p. 73.

ト法の厳格な適用が企業家活動を窒息させ，ひいてはアメリカ産業
の効率性を著しく阻害したと厳しく批判している。

　カーズナーの見解は，長いあいだ「異端」であり続けたが，反独
占政策が行き過ぎたという点では同じ見解をもつシカゴ学派の人々
の影響がレーガン共和党政権の成立後に強まったおかげで，以前ほ
ど「異説」の扱いは受けなくなったように思える。だが，そこに至
るまでには，ハイエクとミーゼスという先駆者の活躍があり，その
遺産の上にカーズナーたちネオ・オーストリアンが活躍する土壌が
ようやくできたことを忘れてはならないだろう。

　わが国では，ケインズと比較するとハイエクやミーゼスには長い
あいだ日が当たらない期間が長かったせいもあって，ネオ・オース
トリアンへの関心は薄かったが，例外的に越後和典氏（滋賀大学名
誉教授）が早い時期からこの分野の研究に打ち込んできた[18]。越後
氏の教えを受けた学生が京都大学大学院（経済学研究科）に入学し，
ハイエクやネオ・オーストリアンの研究で博士号を取得し始めたの
は，ようやく1990年代に入ってからのことだった。

　ネオ・オーストリアンの主張の基礎には，ハイエクが指摘したよ
うな自由主義の下でのより優れた知識の拡散と個人の自由（カーズ
ナーの場合は，とくに「企業家的参入の自由」と結びついているが）を
重視する同じ経済哲学が流れているように思われる。ベルリンの壁
の崩壊後，学部のゼミナールで何度かハイエクの著作を読んできた
が，学生たちも，賛成か反対かは別として，ハイエクの次のような
文章を読んで，ネオ・オーストリアンの主張が出てくる土壌をなん
とか理解したようだ。現在の学生たちが，もっと自然にハイエクを

---

18. 初期の労作に，越後和典『競争と独占』（ミネルヴァ書房，1985年）がある。

読んでいるのを見るのは，党派性の強かった一昔前とはずいぶん時代が変わったなと感じると同時に，学問にとってはそれはよいことのように思える[19]。

　「すべての自由主義の公準の源泉と言ってよい中心的信念は，社会的諸問題のよりすぐれた解決が期待できるのは，誰かの所与の知識の応用にたよるのでなしに，よりすぐれた知識の発生を期待できる個人間の意見交換を奨励し推し進めるばあいだ，ということである。意見の発見を，あるいは，少なくとも達成の可能な真理への最上の接近を，容易ならしめると思われるのは，さまざまな経験からひきだされた異なる意見をもった人びととの討論と相互批判である。個人の意見の自由が要求されたのは，まさに，各個人は間違いをしがちだと考えられたからであり，最上の知識の発見は，自由な討論が保証するすべての信念の継続的検証からのみ期待できたからである。あるいは，ちがった言い方をすれば，真理に向かう前進的発展が期待されたのは，個人の理性の能力（それを真の自由主義者は信用しなかった）からというよりもむしろ，個人間の討論と批判の過程の結果からであった。個人の理性と知識の成長でさえ，個人が上の過程の一部であるかぎりでのみ可能とみなされるのである。」

19. Ｆ・Ａ・ハイエク「自由主義」(1973 年)，『市場・知識・自由』，前掲，247-248 ページ。

むすびに代えて——現代経済学の潮流

　ベルリンの壁が崩壊したあと，資本主義諸国の経済論壇では，「市場原理主義」と呼ばれる自由放任主義の亜種が流行し始めた。まともな経済学の専門教育を受けた者なら，政府介入のない純粋資本主義ですべての経済問題が解決できるほど単純ではないことをよく理解していたはずだが，社会主義に「勝利」した資本主義諸国での経済論壇は，日本を含めて，一時「市場原理主義」に乗っ取られた感があった。

　もちろん，フリードマンがリーダーだったシカゴ学派のなかに，市場原理主義に近い思考法をとる者がいなかったわけではない。例えば，ゲーリー・ベッカー（Gary Becker）の「経済学帝国主義」がそうである。経済学帝国主義とは，広範囲の社会問題（結婚，人種差別，犯罪など）に経済分析の手法を適用させるものだが，例えば移民問題は「アメリカへの移住権の販売を競売にかけよ」というように，あまりにも市場経済に偏った思考法で，さすがに経済学界でも主流ではない[1]。

　ベッカーの仕事は，人的資本論がメインで決して経済学帝国主義だけではないが，論壇はつねに平明な解決法に傾きやすいので，壁の崩壊後，経済学帝国主義に近い市場原理主義が勢力を増したのである。当時の新聞や雑誌を読めば，どれほど「市場の威力」を強調した論説が多かったかがわかるだろう。

　だが，この頃，学界では，日本人の青木昌彦が開拓しつつあった

　1．ゲーリー・ベッカー，ギティ・ベッカー『ベッカー教授の経済学ではこう考える』鞍谷雅敏・岡田滋行訳（東洋経済新報社，1998年）参照。

「比較制度分析」が根づきつつあった。比較制度分析は，文化や習慣の違いを強調する比較経済論とは一線を画し，ゲーム理論という普遍言語を駆使して「多元的経済の普遍的分析」を目指すものだが，複数のナッシュ均衡の可能性から多様な資本主義を比較・分析するという視座は，一般均衡理論の「一意性」や「安定性」を議論してきた従来のミクロ理論にはない斬新な視点であった[2]。

　その後，比較制度分析は経済史にも影響を及ぼし，現在では，「比較歴史制度分析」と呼ばれる分野ができているが[3]，マルクス主義の歴史学の影響が強かったわが国で，ゲーム理論を使った経済史が勃興することは，学生時代の私には予想することもできなかった。

　もっとも，何らかの形でマルクスの影響を受けている経済学が死滅したわけではない。例えば，フランス発のレギュラシオン理論は，「制度諸形態」に焦点を定め，第二次世界大戦後の黄金期代とともにあった「フォーディズム」や，最近では「金融主導型経済」の制度様式の分析でわが国でも注目されたが，残念ながら，経済学の主流に食い込むことはなかった[4]。

　だが，アジア人として初めてノーベル経済学賞の栄冠に輝いたアマルティア・セン（Amartya Sen）の独自の「福祉の経済学」は，新古典派の「合理的経済人」を「合理的愚か者」と呼び，それに対して「共感」と「コミットメント」という道徳感情に基礎を置く「潜在能力アプローチ」を対置し，次第に学界でも注目されるように

2．青木昌彦『経済システムの進化と多元性』（東洋経済新報社，1995年）参照。

3．アブナー・グライフ『比較歴史制度分析』岡崎哲二・神取道宏監訳（NTT出版，2009年）参照。

4．山田鋭夫『レギュラシオン・アプローチ』増補版（藤原書店，1994年），横川信治・野口真・伊藤誠編著『進化する資本主義』（日本評論社，1999年）などを参照。

なった[5]。

　合理的経済人モデル批判は，最近流行している「行動経済学」とも関係している。経済学と心理学との協同から生まれた行動経済学は，「限定合理性」の世界での人間行動に焦点を合わせ，先駆者たちがノーベル経済学賞を受賞するほど一般にも広く認められているものである[6]。政策の分野でも，人々に望ましい選択を促すように誘導する「ナッジ」の提唱など，多くの成果を上げている。

　マクロ理論の分野では，シカゴ大学のロバート・ルーカスが「マクロ経済学のミクロ的基礎付け」を重視して以来，ケインジアンの一部もそれに倣い価格や賃金の硬直性にミクロ的基礎付けを与えるモデル化に専念するなど大きな変化が生じた。最近流行しているのは「動学的確率的一般均衡論」だが，まだ現在進行形の展開で，正確な評価はしにくい。ただ，そのモデルでは2008年のリーマンショックを予見できなかった反省から，ポスト・ケインジアンからの異論も少なくない。

　過去数十年，いろいろな経済分析や経済思想が流行してきたが，「新しい」ものにはつねに関心を抱きながらも，見かけだけの「新しさ」に幻惑されないだけの歴史的感覚を身につける必要があるのではないだろうか。経済思想史を学ぶ意義の一つはここにある。ケネーから現代に至る経済学の歴史のなかで真に革新的な理論が登場した瞬間は数度しかないからである。

　5．アマルティア・セン『合理的な愚か者』大庭健・川本隆史訳（勁草書房，1989年）参照。
　6．依田高典『行動経済学』（中公新書，2010年），リチャード・セイラー『行動経済学の逆襲』上・下，遠藤真美訳（ハヤカワノンフィクション文庫，2019年）などを参照。

　現代経済学のメニューは豊富になった。経済理論が一般均衡理論やケインズ経済学を中心に教育されていた時代と違って，数学も統計学も含めて，現代経済学の基礎理論を身につけるには多くの時間を投入する必要があるだろう。

　だが，京都大学の学生たちを長年観察してきた私の目には，それは想像するほど困難な課題でもなさそうに見える。数学や統計学は意欲さえあれば学べるし，少なくとも学部段階のミクロやマクロが彼らに理解不可能なほど高度化しているわけでもない。

　むしろ現代経済学に通暁するほどの能力をもった学生たちが，経済学以外の異分野への関心を示さず，経済学や経済思想を「外から」冷静に見る目を失ってしまうことのほうを危惧している。例えば，行動経済学は，心理学との協同が生んだ優れた成果だが，行動経済学が経済紙で特集を組まれるほど流行している一方で，心理学者が同じほどの情熱で行動経済学を眺めているかと言えばそうではないように思われる。

　将来の世代の経済学者が異分野の成果から謙虚に学ぶ態度を身につける一方で，経済学が成し遂げた成果をあまりにも過大に評価しないような冷静さを保持してほしいと願うばかりである。

ブックガイド──現代経済思想史をより深く学ぶために

　現代経済思想史は，文字通りとれば，現代経済学の思想史だが，専門家の目から見ると，現代にあまりにも近い学説や思想の歴史は思想史の範疇には入れにくい。学説や思想の評価にはある程度の時間の経過が必要だからである。どこまでを扱うかは思想史家によって異なるだろうが，ベルリンの壁の崩壊からはまだ30年ほどしか経っていないので，それ以降に登場した学説や思想の正確な評価は将来の世代に委ねたい。しかしながら，この文献案内では，現代理論を学んでいる学生たちの参考までに，できるだけ現代につながるものも含めるように配慮することにしよう。

ケインズ革命

　ケインズを含むケンブリッジ学派の文献は多すぎて選択に難儀するが，基本書を挙げよと言われるならば，迷わず次の二冊を推したい。

　　菱山泉『近代経済学の歴史──マーシャルからケインズまで』（講談社学術文庫，1997年）
　　伊藤宣広『現代経済学の誕生──ケンブリッジ学派の系譜』（中公新書，2006年）

　ケインズ経済学の解説書も枚挙に暇がないほどあるが，これも絞りに絞って以下を推薦したい。

伊東光晴『現代に生きるケインズ——モラル・サイエンスとしての経済理論』（岩波新書，2006 年）

平井俊顕『ケインズの理論——複合的視座からの研究』（東京大学出版会，2003 年）

ルイジ・パシネッティ『ケインズとケンブリッジのケインジアン』渡会勝義ほか訳（日本経済評論社，2017 年）

マーシャル，ピグー，ロバートソンなどのケンブリッジ学派の人々の個別研究は，以上を読んでいけば，おのずとわかるようになると思う。私自身の見解は，『「ケインズ革命」の群像——現代経済学の課題』（中公新書，1991 年）や『ケインズを読み直す——入門現代経済思想』（白水社，2017 年）に述べておいた。

シュンペーター

シュンペーター研究も非常に多いが，ここでも絞りに絞って以下を推薦する。

塩野谷祐一『シュンペーター的思考——総合的社会科学の構想』（東洋経済新報社，1995 年）

大野忠男『シュムペーター体系研究——資本主義の発展と崩壊』（創文社，1971 年）

伊東光晴・根井雅弘『シュンペーター——孤高の経済学者』（岩波新書，1993 年）

シュンペーターとケインズの総合を探った優れた試みとしては，

吉川洋『いまこそ，ケインズとシュンペーターに学べ——有効需
　要とイノベーションの経済学』（ダイヤモンド社，2009 年）

がある。私自身の見解は，『シュンペーター』（講談社学術文庫，2006
年）と『ケインズとシュンペーター——現代経済学への遺産』（NTT
出版，2007 年）を参照のこと。

カレツキ

カレツキ研究も増えてきたが，以下の三冊を推したい。

鍋島直樹『カレツキとケインズ——ポスト・ケインズ派経済学の
　源泉』（名古屋大学出版会，2001 年）
山本英司『カレツキの開発経済学』（千倉書房，2009 年）
ピーター・クリースラー『カレツキと現代経済——価格設定と分
　配の分析』金尾敏寛・松谷泰樹訳（日本経済評論社，2000 年）

ポスト・ケインズ派経済学

ポスト・ケインズ派は，もちろん，ケインズやカレツキも大いに
関係するところだが，上にあげた以外では，以下を推薦する。

鍋島直樹『ポスト・ケインズ派経済学——マクロ経済学の革新を
　求めて』（名古屋大学出版会，2017 年）
J・E・キング『ポスト・ケインズ派の経済理論』小山庄三訳（多
　賀出版，2009 年）
ジョーン・ロビンソン『異端の経済学』宇沢弘文訳（日本経済新
　聞社，1973 年）

根井雅弘『定本 現代イギリス経済学の群像——正統から異端へ』
（白水社，2019 年）

新古典派総合

新古典派総合のわかりやすい解説は，本文で触れたサムエルソン
の教科書だが，それ以外では，以下の本を推したい。

ジェームズ・トービン『インフレと失業——ニュー・エコノミッ
クスの反証と提言』矢島欣次ほか訳（ダイヤモンド社，1976 年）
ポール・サムエルソン『経済学と現代』福岡正夫訳（日本経済新
聞社，1972 年）
根井雅弘『サムエルソン——『経済学』と新古典派総合』（中公文
庫，2018 年）

ガルブレイス

ガルブレイスも日本で人気は高いが，比較的手に入りやすい三冊
を推薦する。

伊東光晴『ガルブレイス——アメリカ資本主義との格闘』（岩波新
書，2016 年）
中村達也『ガルブレイスを読む』（岩波現代文庫，2012 年）
根井雅弘『ガルブレイス——異端派経済学者の肖像』（白水社，
2016 年）

スラッファ

スラッファも根強いファンがいるが，次の三冊を推薦する。

菱山泉『スラッファ経済学の現代的評価』（京都大学学術出版会，
1993 年）

ピエロ・スラッファ『商品による商品の生産——経済理論批判序
説』菱山泉・山下博訳（有斐閣，1962 年）

ルイジ・L・パシネッティ『生産理論——ポスト・ケインジアン
の経済学』菱山泉ほか訳（東洋経済新報社，1979 年）

ハイエクとミーゼス

ネオ・オーストリアンの思想的源泉というべきハイエクとミーゼ
スについては，絞りに絞って以下を推薦したい。

嶋津格『自生的秩序——F・A・ハイエクの法理論とその基礎』
（木鐸社，1985 年）

楠木茂樹・楠木美佐子『ハイエク——「保守」との訣別』（中公叢
書，2013 年）

越後和典『新オーストリア学派とその論敵』（慧文社，2011 年）

なお，経済学における企業家像についての私の見解は，『企業家
精神とは何か——シュンペーターを超えて』（平凡社新書，2016 年）
に述べておいた。

あとがき

2019年の初め，私は人文書院より『経済学者の勉強術——いかに読み，いかに書くか』という一種の読書論を出した。これは，担当編集者との何気ない会話から企画につながった本だったが，ある一定の読者層に好意的に受け容れられて電子書籍まで出してもらった。

私は，若き日に，社会学者の清水幾太郎と知り合い，清水先生と知的な会話を交わしながら学者になろうと決意した者だから，その経緯から始めて，どのように本を読み，どのように書いてきたか，自分自身の経験に基づいて綴ったわけだが，私を執筆に駆り立てたのは，京都大学に長く教えながら最近痛感しているあることが気になっていたからでもあった。それは，ここ十数年，京都大学経済学部でも体系的な経済学教育がなされるようになった結果，学生の平均的レベルは上がっているにもかかわらず，昔はどこのゼミにも必ずいたような「変わり者」の読書家がいなくなったことである。

それは時代の流れでもあり，受け容れなければならないと半ば諦めている。だが，京都大学で菱山泉先生と伊東光晴先生というよき師に恵まれ，両方のゼミの優秀な学生たちと付き合ってきた経験からいうと，いまの学生は，たとえ博士課程の大学院生であろうとも，昔の学部生や高校生のような幼さを感じてしまう。彼らは数学も統計学も学習しているし，ミクロ経済学もマクロ経済学も他大学の平均よりはかなり高いレベルで習得している。それにもかかわらず，哲学も思想も文学も，それこそ古典になった名著をほとんど何も読んでいないことがある。このような状況が数十年続いたらどうなるのだろうか。

　私が京都大学で担当してきた経済学史や現代経済思想は，世の中の動きとは直接にはあまり関係のない学説や思想の歴史を扱っている。他方で，私には，毎月のように専門とはほとんど接触のない分野の新刊の書評依頼が舞い込んでくる。それらは，歴史を除けば，現代の何らかの問題を扱っているものが多い。長い間そのような仕事を続けて分かってきたが，私が書いてきた書評は，経済思想史には何も関係がなくとも，おそらく他の分野の専門家であったら書かなかったであろうものになっているはずだ。数年前，外交史や人口論の本の書評を書きながらふとそのように感じた。

　現代経済思想史は，実は，経済学や経済思想だけわかっていても本当は完結せず，もっと広い思想史の中に位置づけなければならないのかもしれない。だが，序にも述べたように，その仕事は少なくとも 50 年の時間が経過しなければ難しいと思う。前世紀末から今世紀の 20 年間に生じた変化を冷静かつ客観的に叙述する仕事は将来の世代に委ねたいと述べたゆえんである。

　さて，本書の編集も，前の本と同じように，人文書院の松岡隆浩さんにお世話になった。装画も前の本と同じく山内有記美さんの点描画を使わせてもらった。記して感謝したい。そして，最後に，私事にわたって恐縮だが，本書を 2019 年 11 月 11 日に他界した亡き母（根井長子）に捧げることをお許し願いたい。早くから学問の道を志した私をつねに温かく見守ってくれた姿を胸に刻みながら，今後も学問に専念したいと思っている。

2020 年 1 月

根井雅弘

人名索引

ア 行

アイクナー　157n
青木昌彦　177, 178
浅野栄一　15
依田高典　179n
伊藤邦武　17n
伊藤宣広　181
伊東光晴　43, 45, 181, 182, 184, 187
イーリー　133-135
ヴィクセル　33, 34, 81
ウィリアムズ　100, 101
ヴェブレン　133
ヴォルカー　111
越後和典　174, 185
大野忠男　182
オドンネル　17n

カ 行

カーズナー　171 174
ガルブレイス　2, 133-149,
カルドア　2, 62, 63, 77-80, 82, 93, 94,
　　115, 117, 156
カレツキ　2, 47-62, 69, 78, 80, 115, 118,
　　183
カーン　44, 63, 65, 67n, 115
キング　183
楠木茂樹　185
楠木美佐子　185
グライフ　178n
クリースラー　183
クルーグマン　96, 97, 128
ケインズ　1, 7-31, 35, 37, 41, 43-47, 50,
　　56, 58-60, 62-64, 68-70, 73-76, 78,
　　80, 83, 84, 89, 91, 93, 99-103, 105,
　　106, 112-117, 119, 122, 125-127,
　　158, 162, 164, 183
ケネー　1
ケネディ，J・F　103, 104, 108, 114,
　　121, 146
コモンズ　135

サ 行

サッチャー　59
サムエルソン　2, 68, 72, 99-104, 114,
　　115, 125, 184
塩野谷祐一　182
篠原三代平　35-37
嶋津格　185
清水幾太郎　187
シュンペーター　2, 27, 37-43, 100,
　　169-172
ジョンソン　108, 114
シロス＝ラビーニ　157
スミス　152
スラッファ　2, 63-65, 68, 73, 115,
　　151-162, 184, 185
セイラー　179n
セン　178, 179n
ソロー　90, 92, 93, 95

タ 行

高哲男　134n, 135n
田中敏弘　134n
都留重人　100n
デヴィッドソン　23, 122-125, 129-132

トービン　122, 184
ドップ　155, 156n
ドーマー　83-85

　　ナ　行

中村達也　184
鍋島直樹　62n, 183

　　ハ　行

ハイエク　2, 27, 33-37, 59, 163-168,
　　172, 174, 175, 185
ハーコート　73
パシネッティ　21, 22, 182, 185
ハロッド　65, 83-95, 125
ハンセン　109, 101
ピグー　27, 182
ピケティ　72
菱山泉　2, 151, 152n, 159, 161n, 181,
　　185, 187
ヒックス　7-14, 31, 32, 101
平井俊顕　182
フィッシャー　127
フィリップス　106-110, 117, 118
ブキャナン　115
ブッシュ, G・H・W　146, 148
ブライス　100
フリードマン　59, 108-111, 117, 177
ブルス　51
ベッカー　177
ヘラー　104, 108

　　マ　行

マルクス　7, 48, 69, 152
マーシャル　9, 12, 47, 48, 50, 65, 182
三上隆三　20n
ミーゼス　2, 33, 163, 169-172, 174, 185
ミッチェル　136
美濃口武雄　21n
宮沢健一　81, 94n
ミンスキー　125-129
モグリッジ　16

　　ヤ　行

山田鋭夫　178n
山本英司　183
吉川洋　43n, 183

　　ラ　行

リカード　151, 152
ルーカス　111n, 179
ルクセンブルク　48
ルーズヴェルト, F　104, 135, 146
レーガン　59, 111, 112, 114, 146, 148
ロバートソン　27-31, 44
ロビンズ　27, 33, 77, 161, 162
ロビンソン, J　2, 47, 50, 63, 65-73, 76,
　　77, 81, 89, 93, 95, 115, 117, 119, 120,
　　129, 151, 160, 182, 183

　　ワ　行

ワイントラウブ　116-122
ワルラス　38n, 39, 164

著者略歴

根井雅弘（ねい　まさひろ）

1962 年，宮崎県生まれ。早稲田大学政治経済学部卒業，京都大学大学院経済学研究科博士課程修了（経済学博士）。現在，京都大学大学院経済学研究科教授。著作に，『ものがたりで学ぶ経済学入門』（中央経済社），『定本 現代イギリス経済学の群像』（白水社），『資本主義はいかに衰退するのか』（NHK ブックス），『経済学者の勉強術』（人文書院），『来るべき経済学のために』（橘木俊詔との共著，人文書院），『ブックガイド基本の 30 冊　経済学』（編著，人文書院）など多数。

現代経済思想史講義

2020 年 2 月 20 日　初版第 1 刷印刷
2020 年 2 月 28 日　初版第 1 刷発行

著　者　根井雅弘

発行者　渡辺博史

発行所　人文書院

〒612-8447 京都市伏見区竹田西内畑町 9
電話 075-603-1344　振替 01000-8-1103

印刷所　創栄図書印刷株式会社
装　画　山内有記美
装　丁　上野かおる

落丁・乱丁本は小社送料負担にてお取替えいたします

©2020 NEI Masahiro Printed in Japan
ISBN978-4-409-24130-1　C0033

根井雅弘著

経済学者の勉強術　いかに読み、いかに書くか　　1800 円

経済学史研究者にして書評家の著者が、執筆者生活 30 年にわたる自身の来歴をふまえて伝える読書と勉強のワザ。幅広い知識の吸収、語学力、古典の重要性を語るとともに、経済学史の新たなアプローチも示唆。清水幾太郎、菱山泉、伊東光晴などとの交流、経済学者の裏話も満載で、学問の「効用」が伝わる一冊。

根井雅弘編

ブックガイドシリーズ基本の 30 冊　経済学　　1800 円

数式だけが経済学ではない！ベテランから若手まで多彩な執筆陣による、経済学の多様な思想と可能性を示す 30 冊。

橘木俊詔・根井雅弘

来るべき経済学のために　　1900 円

古典派からトマ・ピケティまで、経済学の歴史と現状を大観し、大学教育問題を踏まえて、来るべき学問の姿を展望する。碩学二人による刺激的対話。

価格は税抜き